Das Buch

Sie lernte Deutsch mit Grimms Märchen und sagt von sich, dass ihr »Herz deutsch und ihre Seele türkisch« sei. Hatice Akyün ist Türkin und Deutsche, Muslima und Mutter einer Tochter, nicht zwangsverheiratet und keine Kopftuchträgerin. Ihre Kolumne »Meine Heimat« im Berliner *Tagesspiegel* ist Kult. In ihrer deutschen Heimat passieren seltsame, unverständliche, nachvollziehbare und völlig unsinnige Dinge, und manchmal kann sie sich nur mit einem kräftigen Fluch helfen: »Verfluchte anatolische Bergziegenkacke« – wobei, in der Türkei ist ein solcher Fluch völlig unbekannt. Doch in der Regel versucht Hatice Akyün, den Dingen auf den Grund zu gehen, die Logik oder den Unsinn hinter dem bunten Treiben zu erkennen. Und weil das Leben, der Alltag und die Politik schon kompliziert genug sind, bittet sie ihren anatolischen Vater mit seinem unerschöpflichen Schatz an Sprichwörtern um Hilfe. Denn was sie mühsam zu erklären versucht, bringt er mit einem klugen und unkomplizierten Satz auf den Punkt. Eben: »Oder wie mein Vater sagen würde ...«

Die Autorin

Hatice Akyün wurde 1969 in Akpınar Köyü, Anatolien, geboren und kam 1972 mit ihrer Familie nach Deutschland. Als Journalistin begann sie bei der *Westdeutschen Allgemeinen Zeitung* in Duisburg und arbeitete dann für das Magazin *Max*. Seit 2003 schreibt sie als freie Journalistin unter anderem für *Spiegel*, *Emma*, *taz* und den *Tagesspiegel*. Dort erscheint seit 2011 auch ihre Kolumne »Meine Heimat«. 2005 veröffentlichte Hatice Akyün ihr Buch »Einmal Hans mit scharfer Soße«, 2012 wurde der Bestseller verfilmt. 2008 erschien ihr zweites Buch »Ali zum Dessert«, 2013 bei KiWi der *Spiegel*-Bestseller »Ich küss dich, Kismet«. 2009 wurde sie mit dem Duisburger Toleranz- und Zivilcourage-Preis ausgezeichnet; ihr Blog »Neulich in der Parallelwelt« wurde für den Grimme Online Award nominiert. 2011 erhielt sie den Berliner Integrationspreis und 2013 den Sonderpreis für Toleranz und Integration der »Initiative Hauptstadt Berlin«. Hatice Akyün lebt in Berlin.

KiWi
1409

Hatice Akyün

Verfluchte anatolische Bergziegenkacke

Oder wie mein Vater sagen würde:
Wenn die Wut kommt, geht der Verstand

Kiepenheuer & Witsch

Für meinen Vater

Verlag Kiepenheuer & Witsch, FSC®-N001512

2. Auflage 2014

Umschlaggestaltung: Rudolf Linn, Köln
Umschlagmotiv: © Gülay Yavuz
Gesetzt aus der Arno
Satz: Buch-Werkstatt GmbH, Bad Aibling
Druck und Bindung: CPI books GmbH, Leck
ISBN 978-3-462-04699-1

Inhalt

Vorweg   9

Nur bei Frost   13

Die gelbe Telefonzelle   15

Verkürzte Wehrpflicht   17

Integration durch Silikon   20

Türkin nur im Urlaub   22

Kerne der Sonnenblume   24

Politischer Idiotentest   26

Die Frage der letzten Ruhe   29

Lust und Verlust   31

Lob des Doppelfensters   34

Ackern wie Mama   36

Türkische Eltern haben die Macht   38

Wie man Allahs Gast wird   41

Kein Platz für Kinder   43

Seelenkaffee   45

Stadt der Gleichgültigkeit   48

Keyif genießen   50

Für wen faste ich?   52

Ahnungslos im Westen   55

Zuckerfest für jedermann   57

Muslima des 11. September   60

Alle sollen kommen   62

Diktatur der Frauen   64

Die Mokkatasse   67

Mein Glaube ist erschüttert   69

Baut euch euer Haus   71

Ich gebe keinen her   73

Gute Vorsätze   76

In aller Freundschaft   78

Vom Hafer gestochen   80

Ganz warm ums Herz   83

Von Duisburg lernen   85

In der Halbzeit, ohne Pause   87

Die Ehre   89

Ich werde spießig   91

Auf bessere Nachbarschaft   93

Sonne, Liebe, Männer   95

Heiß auf Fußball   97

Mitgefühl und Brot   99

Mutation   101

Fangen Sie an, machen Sie Kinder   103

Runder Ball, buntes Volk   105

Lieblose Liebe   107

Schießen, nicht hupen   109

Oder wie meine Mutter sagen würde   111

Ein arger Wüterich   113

Zum Glück wollen wir weniger   115

Der Rechtsstaat zeigt sein wahres Gesicht   117

Ein Arzt, der nicht behandelt   119

Gefahr eines Krieges   120

Auf mein Kreuz ist kein Verlass   122

Integratives Weihnachten   124

Den Stecker ziehen   127

Nur-Deutsche und Auch-Deutsche   129

Rosenmontag im Himmel   131

Jäger und Kuschler   133

Deutsche Gründlichkeit   135

Lösung aller Integrationsprobleme   137

Brüste im Kopf   139

Heidi Acker   141

Wir sind Istanbul   143

Schweigen   145

Schrei nach Gerechtigkeit   147

Brad Pitts Troja   149

Verfluchte anatolische Bergziegenkacke   151

Ach, Jungs   153

Whalewatching   155

Noch nie drüben   157

Zuckertütenblues   159

Schwarzradlerin   161

Saturn-V-Rakete   163

Oliven kiloweise   165

Na los, hopphopp!   167

Herbstnörgelei   169

Asyl bei mir   171

Oje, Reihenhaus!   173

Blätter am Baum   175

Tor zu Welten   177

Weihnachtstraumata   179

Not macht erfinderisch   181

Arrivederci, Goodbye und Güle güle!   184

Die Listeritis   186

Jeder ist irgendwo Ausländer 188

Gute Vorsätze, schlechte Vorsätze 190

Wir können alles außer … 192

Schnee im Winter 194

Bittere Wahrheiten 196

Liebe mit Verstand 198

Protz 200

Hip, hip, hurra! 202

Freiheit für alle 204

Seelenheil 206

Kaktus im Wappen 208

Eine haarige Angelegenheit 210

Ich kandidiere 212

Schwarzes Gold 214

Vorweg

Im Türkischen sagt man: Doğru söyleyeni dokuz köyden kovarlar – wer die Wahrheit spricht, wird aus neun Dörfern verjagt. Ich hoffe, dass ich von den Lesern meines Buches nicht verjagt werde. Wohin auch, denn das hier ist »meine Heimat«. Heimat, das ist für mich Duisburg, Berlin, Deutschland. In meiner Heimat passieren skurrile, seltsame, aufrichtige, unverständliche, nachvollziehbare und völlig unsinnige Dinge, über die ich wöchentlich in meiner Kolumne »Meine Heimat« im Berliner *Tagesspiegel* berichte. Nicht im Stil einer Reportage oder eines Berichtes. Nein, ich versuche, den Dingen auf den Grund zu gehen, die Logik oder den Unsinn hinter dem Treiben zu erkennen, die Ereignisse mit dem Blick durch meine eigene Brille zu erfassen und zu verstehen.

Manchmal sind meine Geschichten eindeutig, manchmal ambivalent. Meistens sind sie verständnisvoll, aber stets angriffslustig. Aber keine Sorge, ich werde in diesem Buch keine politischen Sprechblasen wiederholen. Denn eines sind meine Geschichten trotz ihres politischen Anstrichs immer: konkret, auf den Alltag und das Menschliche, Allzumenschliche bezogen.

Bei mir ist es der deutsch-türkische Alltag, ein Leben in den Parallelwelten zwischen Berlin, Duisburg und manchmal auch der Türkei. Zu berichten gibt es viel aus einer riesigen deutschen Bevölkerungsgruppe, den türkischen Einwanderern und ihren

Familien. Ich fange Bilder ein und erzähle Geschichten, die ein vielschichtiges, heterogenes und buntes Deutschland beschreiben.

In meinen Geschichten bin ich manchmal die deutsche und manchmal die türkische Beobachterin und Botschafterin, betone die Gemeinsamkeiten, aber auch Unterschiede der beiden Kulturkreise. Doch eigentlich schreibe ich nicht als Türkin, nicht als Deutsche und auch nicht als Migrantin, sondern als Kosmopolitin, die aus der Bundeshauptstadt Berlin berichtet.

Und weil das Leben, der Alltag, die Politik und überhaupt alles, was tagtäglich um uns herum passiert, schon kompliziert genug ist, bitte ich meinen Vater mit seinem unerschöpflichen Schatz an Sprichwörtern, Weisheiten und Anekdoten um Hilfe. Denn was ich mühsam versuche zu erklären, wird er am Ende mit einem klugen und unkomplizierten Satz auf den Punkt bringen. Eben: »Oder wie mein Vater sagen würde ...«.

Mein Vater ist ein Gastarbeiter der ersten Generation; es ist auch sein Blick auf Deutschland. Er hilft mir mit seinen Sprüchen, komplizierte Sachverhalte auf das Wesentliche zu reduzieren. Manche seiner Sprichwörter sind in der türkischen Sprache bekannt, andere erfindet er für meine Kolumnen neu. Dafür rufe ich ihn an, erzähle ihm die Geschichte, die ich in meiner Kolumne thematisiere, und frage: »Baba, was würdest du dazu sagen?«

»Verfluchte anatolische Bergziegenkacke« (so einen Fluch gibt es in der Heimat meiner Vorväter und -mütter übrigens gar nicht, den habe ich mir selbst zurechtfantasiert) ist trotz des etwas rüden Titels kein »böses« Buch, keine überkochende Wallung einer Wutbürgerin. Ich schreibe so, wie ich etwas wahrnehme, aber ohne Gewissheit, immer richtigzuliegen. Aber immer mit dem Anspruch, der Geschichte hinter der Nachricht auf die Spur zu kommen. Und manchmal muss ich mich eben doch auch »tierisch« aufregen, auch wenn ich Bergziegen in Wahrheit ganz niedlich finde.

Dieses Buch bietet aber auch den selbstkritischen Blick einer Journalistin, die in den Rollen der Mutter, der Frau mit Migrationshintergrund, der Autorin mit dem Hang zum Detail, der Weltenbummlerin, der Society-Reporterin, der Bergmannstochter aus dem Ruhrgebiet, der Justizfachangestellten und der engagierten Demokratin jede Menge Gegensätze vereinigt.

Oder wie mein Vater sagen würde: »Akıl yaşta değil, baştadır.« – Klug ist man nicht im Alter, sondern im Kopf.

Nur bei Frost

Gestatten: Hatice! Wenn Sie jetzt innerlich spontan »Gesundheit!« gewünscht haben, sind Sie eindeutig noch nicht bereit für den interkulturellen Dialog. Hatice ist kein Schnupfen, sondern mein Name. Hatice Akyün und, ja, Sie haben richtig geraten: Ich bin ein Mensch mit Migrationshintergrund. Das klingt ein bisschen wie Mensch mit Behinderung, ist also politisch außerordentlich korrekt, sagt aber irgendwie auch: Hier ist ein Mensch, aber ...

Also habe ich beschlossen, diese Kolumne dazu zu missbrauchen, nicht nur meinen Hintergrund in den Vordergrund zu rücken, sondern auch meinen Nebenberuf als Mensch, und das »Aber« aus meiner Selbstwahrnehmung zu vertreiben.

Keine Panik, ich werde Ihnen keine Leidensgeschichten erzählen, ich bin nicht zwangsverheiratet, nicht auf der Flucht vor meinen gewalttätigen Brüdern, und mein türkischer Vater wäre zu gern der Patriarch im Haus, aber seine vier Töchter und sieben Enkelinnen bieten ihm keine allzu großen Entfaltungsmöglichkeiten in dieser Rolle. Ja, ich trage manchmal Kopftuch, aber nur bei Berliner Minusgraden, weil ich sonst eine Ohrenentzündung bekomme.

Da ich als Ihre Kolumnistin und Sie als – hoffentlich – meine neuen Stammleser gleich ein gutes Verhältnis zueinander aufbauen sollten, mache ich Ihnen zu Beginn ein Geständnis: Mein

Leben unterscheidet sich nicht so besonders von dem anderer Berliner, deren Migrationshintergrund schon etwas weiter zurückliegt – also in die Zeit, als Ururomi als Hugenottin herkam. Ich selbst bin ja erst 2000 hierher gezogen – übrigens aus Duisburg, meiner Heimatstadt.

Mein Leben ist manchmal langweilig, manchmal mühselig, manchmal einfach genial. So wie das Ihre. Aber das muss unter uns bleiben. Denn beruflich bin ich nicht bloß Journalistin, sondern auch Fachfrau in Migrationsfragen mit einer weit über die Stadtgrenzen hinaus berühmten Kernkompetenz in türkischen Themen, die ich mit der anatolischen Muttermilch faktisch aufgesogen habe. Nicht auszudenken, wenn herauskommt, dass ich in Wirklichkeit oft nicht einmal koranfest bin. Das würden mir die strengen Christenmenschen nicht verzeihen, auch wenn ihnen selbst nicht ein einziger Psalm einfällt.

Wir halten fest: Mein Name ist kein Schnupfen, der Migrationshintergrund ist es doch. Und zwar ein chronischer. Manchmal hoffe ich darauf, dass dagegen eine Schluckimpfung gefunden wird, gleichzeitig weiß ich aber, dass die Pharmaindustrie Wichtigeres zu tun hat. Wenn also nette Zeitgenossen besonders langsam und deutlich mit mir reden, nachdem sie meinen Namen gehört haben, obwohl ich in manchen Redaktionen auch als Schlussredakteurin herhalten musste, weil ich einfach besser Deutsch konnte als die Kollegen Müller und Schmidt, dann muss ich meine Yogakenntnisse hervorkramen, um nicht wütend zu werden. Es gibt Tage, an denen wäre ich gerne einfach bloß Deutsche. Aber dann fallen mir die vielen großartigen Dinge ein, die ich als Deutsche mit meiner türkischen Kultur im Gepäck so erlebe und empfinde. Dass viele von diesen Dingen nichts ahnen und fast enttäuscht sind, dass wir nicht von

Hartz IV leben, keine Schafe in der Badewanne schächten und Ihnen nachts auch nicht in der U-Bahn auflauern, macht nichts. Dafür gibt es ja nun diese Kolumne. Es wird sicher spannend. Dafür stehe ich als Mensch und Migrantin.

Oder wie mein Vater sagen würde: »Aynı dili konuşanlar değil, aynı duyguları paylaşanlar anlaşabilir.« – Nicht wer die gleiche Sprache spricht, sondern die gleichen Gefühle teilt, versteht sich.

28. Februar 2011

Die gelbe Telefonzelle

Verwundert schütteln meine Eltern den Kopf, wenn ich ihnen von E-Mail, Skype, Twitter und Facebook erzähle. Ihnen sind diese Kommunikationsmittel so fremd wie mir die Landschaften Kappadokiens.

Früher liefen wir mit der ganzen Familie zu einer gelben Telefonzelle, um eine Verbindung nach Anatolien zu bekommen. Das Telefonhäuschen meiner Kindheit stand an der Weseler Straße in Duisburg-Marxloh. Die Zelle war kanarienvogelgelb, hatte einen Schlitz für Münzen und eine Glastür, die so schwer war, dass wir sie aufstemmen mussten. Meine Geschwister und ich stellten uns gegen die Tür, damit wir alle das Gemurmel der Verwandten im Heimatdorf mithören konnten. Mein Vater wählte sich die Finger wund, um eine Verbindung zum einzigen Telefon in Akpınar Köyü zu bekommen. Wenn am anderen

Ende der Dorfälteste abnahm, musste einer von uns unaufhörlich Zwei- und Fünfmarkstücke in den Schlitz werfen.

Das Häuschen an der Weseler Straße gibt es nicht mehr. Heute steht dort ein türloses Glasgebilde, das nicht einmal vor Regen schützt. Ich bin noch einmal dorthin gegangen, um dieses Gefühl von früher zu bekommen. Lange habe ich es nicht ausgehalten. Das Glas war eingeschlagen, es roch streng, Zigarettenstummel lagen auf dem Boden.

Heute haben wir eine Flatrate in die Türkei. Aus dem einen Telefon in Akpınar Köyü wurden Dutzende. Manchmal schalte ich das Telefon auf Lautsprecher und lasse den Hörer auf dem Esstisch liegen, damit Oma und Opa mithören können, wie ihr Enkelkind schmatzt und schlürft. Niemand muss Münzen nachwerfen, niemand muss eine schwere Tür aufhalten, die kindliche Aufregung, eine Verbindung bekommen zu haben, ist verflogen. Wahrscheinlich muss ich bald mit meiner Tochter in ein Museum gehen, um ihr eine Telefonzelle zu zeigen. Trotz ihrer vier Jahre weiß sie, was ein Telefon ist, und spielt mit ihrem Spielzeughandy. Dann sagt sie: »Hallo Omi, ja, ja, ich gehe jetzt auf den Spielplatz, schaukeln, Kuchen backen, hadi tschüss!«

Als ich vor einigen Wochen den Dachboden im alten Zechenhaus meiner Eltern aufräumte, fand ich meinen Kassettenrekorder wieder. In der Kiste lagen auch Musikkassetten. Früher, wenn wir unseren Verwandten in der Türkei mehr mitteilen wollten, saßen wir vor dem Rekorder, und jeder erzählte eine Geschichte. Und war die Kassette voll, packten wir sie ein und schickten sie in unser Dorf. Unsere Verwandten freuten sich mehr darüber, die vertrauten Stimmen zu hören, als einen Brief von jemandem vorgelesen zu bekommen.

Unser neuestes Kommunikationsbaby heißt Skype, und wir

können meine Eltern auf dem Bildschirm sehen. Sie müssen zwar die Nachbarstochter holen, damit sie den Computer anstellt und das Programm öffnet, aber sie sind stolz und erzählen es der ganzen Verwandtschaft. Im schlimmsten Fall versammeln sich alle am Computer. Es ist fast wie früher an der gelben Telefonzelle, nur andersherum.

Meine Mutter findet Videotelefonieren allerdings suspekt und spricht demonstrativ an der Kamera vorbei. Mein Vater zeigt ihr die Stelle, in die sie beim Sprechen hineinschauen soll. Aber wie weit sich die Technik auch von der gelben Telefonzelle an der Weseler Straße wegentwickelt haben mag, meine Mutter murmelt: »Nein, nein, so geht das nicht, ich möchte euch richtig umarmen und küssen. Wann kommt ihr endlich?«

Oder wie mein Vater sagen würde: »Dil yüreğin kepçesidir.« – Die Zunge ist der Schöpflöffel des Herzens.

21. März 2011

Verkürzte Wehrpflicht

Mein Cousin Murat ist seit Freitag beim türkischen Militär. Das ist zunächst einmal nicht ungewöhnlich. Wäre da nicht der Umstand, dass er beim Joggen nach zehn Minuten schlappmacht, die Rückenblockade beim Osteopathen lösen lässt, das rechte Knie bei Wetterumschwung heftig zieht und er bald seinen 40. Geburtstag feiert.

Bei seinem körperlichen Zustand würde es in Deutschland

nicht einmal zum Zivildienst im Natur- und Artenschutzbereich reichen. Das hat er nun davon, dass er den deutschen Pass schon vor dem Jahr 2000 beantragt hat. Die doppelte Staatsbürgerschaft bescherte ihm nun all inclusive – allerdings nicht in Antalya, sondern in der türkischen Armee.

Für 7668 Euro hat sich Murat vom 15-monatigen Pflichtdienst freigekauft. Dafür darf er jetzt 21 Tage lang Rambo spielen. Natürlich ohne scharfe Munition, aber mit einem Kompass, der immer nach Osten zeigt.

Murat wird wie alle Kurzzeit-Soldaten mit Migra-Higru seinen Dienst in Burdur ableisten, einer Kleinstadt im Südwesten der Türkei. Viermal im Jahr, Januar, April, Juli und Oktober, zieht der türkische Staat ein: eine Ansammlung von gesetzten, ergrauten Männern mit den ersten körperlichen Gebrechen. Den Termin seiner Rekrutierung konnte Murat selbst bestimmen. Er entschied sich für den milden April, weil ihm die Türkei im Juli zu heiß, im Januar zu kalt und im Oktober zu verregnet ist. Um die 10 000 Türken kommen so aus aller Welt zusammen. Das macht 50 bis 70 Millionen Euro Nebeneinkünfte für die Türkei. Die devisenbringende Beschäftigungsmaßnahme ist eher eine Burn-out-Präventionskur als eine militärische Grundausbildung.

Es ist zu vermuten, dass mein Cousin nicht einmal in die Nähe eines Leopard-Panzers kommen wird. Mit ein wenig Glück hängt eine Dartscheibe im Aufenthaltsraum der Kaserne, wo er und seine Kameraden ein wenig zielen üben dürfen. Ob die Notration aus Dönerteller in der Büchse besteht, der Gebetsteppich in Tarnfarbe gemustert ist oder an seinem Jeep ein Fuchsschwanz hängt, wurde von ihm noch nicht überliefert.

Um das Heimweh nach Deutschland zu bekämpfen, könnte

Murat jedoch einen Tagesausflug in eine »echte« Kaserne unternehmen, in der bestimmt noch altes Gerät aus deutschen Waffenschmieden herumsteht.

Jahrelang hat mein Cousin übrigens alle möglichen Tricks angewandt, um der Einberufung zu entgehen. Nun sind alle legalen Mittel ausgeschöpft, und er wird sich als studierter Familienvater, der die Türkei nur aus Urlaubsreisen kennt, von einem 22-jährigen Vorgesetzten durch den Schlamm schubsen lassen.

Ein Freund, der seinen Dienst schon hinter sich hat, machte Murat kurz vor seiner Abreise noch ein wenig Mut. Er erzählte ihm frohgemut, dass es in Burdur erlaubt sei, mit dem Handy zu telefonieren, Essen aus Restaurants zu bestellen und die freien Wochenenden im Luxushotel in Antalya zu verbringen. Nur eines dürfe Murat aber unter keinen Umständen: die türkische Nationalhymne falsch singen.

Warum nur hat Deutschland den Wehrdienst ganz abgeschafft und lernt nicht von den Türken? Man hätte den Dienst einfach auf 15 Monate festsetzen sollen. Und wer nicht zur Bundeswehr will, kauft sich für 7668 Euro einfach frei. Mit den Einnahmen käme eine prächtige Armee zusammen. Hiermit bewerbe ich mich für den Posten des Bundesverteidigungsministers.

Oder wie mein Vater sagen würde: »Kırkından sonra saza başlayan, kıyamette çalar.« – Wer erst mit vierzig anfängt, ein Instrument zu lernen, spielt am Tag der Auferstehung.

4. April 2011

Integration durch Silikon

Fast wäre mir in meinem Türkeiurlaub die prickelndste Integrationsdebatte des Jahres entgangen. Aber zum Glück habe ich es noch rechtzeitig geschafft, nach Berlin zurückzukehren, um die höchst brisante Frage zu erörtern: »Darf eine Türkin das?« Nicht auszudenken, wenn ich meinen Teil nicht auch noch ungefragt dazu beitragen dürfte. Sie, meine anspruchsvollen *Tagesspiegel*-Leser, haben natürlich von diesem Schmuddelvorfall nichts mitbekommen. Deshalb möchte ich Sie kurz aufklären: Die türkischstämmige Seifenoper-Darstellerin Sıla Şahin aus Berlin hat sich für das bekannte Integrationsblatt *Playboy* ausgezogen. Jenes Heftchen, das meinen Mitschülern eine Idee von weiblicher Anatomie in Zeiten schwerster pubertierender Umstellung vermittelte.

Eine Türkin hat sich also nackt fotografieren lassen. Oder wie man es in der Militärsprache sagt, sie hat blankgezogen. Na endlich, könnte man fast unkritisch sagen. Zieht sich nicht immer irgendjemand aus? Heidi Brühl, Uschi Glas, Katarina Witt, Simone Thomalla? Immer wenn der Stern vom Firmament herunterfällt und dem Horizont bedrohlich nahe kommt, hilft ein kleiner Nackedei der Karriere aus der Krise. Blitzlichtgewitter statt Dschungelcamp; Haut zeigen, statt sie zu Markte tragen; Maske und Retusche statt Matsch und Reptilien.

Braucht man eigentlich Gehirnzellen, um diese PR-Kampagne zu durchschauen? Der türkischen Nacktprotagonistin geht es jedoch nicht allein darum, ihren entblößten Körper zu präsentieren. Nein, es ist ihr viel ernster: Sie möchte sich von kulturellen Zwängen befreien. Die Fotos seien ein Akt der Emanzipation. Sozusagen raus aus den Klamotten und rein in die Chefetagen der Dax-Unternehmen. Ich bin so dankbar, dass nach Alice Schwarzer, die mich über meine Unterdrückung aufgeklärt hat, und Kristina Schröder, die mich an meine Berufung als Frau erinnert hat, nun Sıla Şahin gekommen ist, um mich von meinen kulturellen Zwängen zu befreien. Zur Not auch mit ihren Silikonwaffen.

In diesen Zeiten haben wir Türkinnen es wirklich nicht leicht, uns für das richtige Integrationsmodell zu entscheiden. Kopftuchtürkin oder Nackttürkin? Befreien wir uns nur vom Kopftuch oder ziehen wir auch gleich den Schlüpfer aus? Man stelle sich das mal vor: Auf der Türkenwiese vor dem Schloss Bellevue tummeln sich Dutzende FKK-Anhängerinnen, alle vom Schönheitschirurgen in Neukölln runderneuert. So ist das mit der Integration. Erst kam die Problematisierung, dann die Stigmatisierung und zuletzt die Boulevardisierung. Endlich sind wir angekommen und massenmedientauglich. Sıla Şahin hat für uns alle die Mauer umgestoßen. Oder frei nach Ronald Reagan: Türkinnen, draw down your panties.

Aufmerksame Leser könnte jetzt das Gefühl beschleichen, ich wäre vor Neid ein wenig angefressen. Zugegeben, meine Chance, als Ausklappfoto einen unvergesslichen Eindruck zu hinterlassen, habe ich ungenutzt verstreichen lassen. Vermutlich wollte ich den von mir mühsam errungenen Einklang von Körper und Geist nicht riskieren. Ich habe für Nacktfotos nicht die entsprechende Figur, aber um mit der Freiheit umzugehen, hoffentlich genug Format.

Oder wie mein Vater sagen würde: »Gençliğin kıymeti ihtiyarlıkta bilinir.« – Den Wert der Jugend erkennt man im Alter.

11. April 2011

Türkin nur im Urlaub

Ich bin mit meinen Landsleuten in den Urlaub geflogen. Busladungen von ihnen wurden am Flughafen abgesetzt. Schlangen über Schlangen vor den Check-in-Schaltern der türkischen Fluggesellschaften. Ein bisschen sah es wie die Flucht vor der schwarz-gelben Kopfpauschale aus.

Allerdings bot sich mir in Tegel ein ungewohntes Bild: weit und breit keine Karawanen mit Gepäckkulis, auf denen sich mit Wäscheleine festgeschnürte Reisetaschen türmten. Keine mit Folie umwickelten Koffer und verklebte Kartons, in denen ursprünglich Küchengeräte verkauft wurden. Kein Meer von Plastiktüten, zum Zerreißen gefüllt, an dunkel behaarten Armen. Kurz: weit und breit keine Türken.

Nicht ein einziger.

Stattdessen Hunderte von Trolleys in bunten Farben, mit Weichgummirollen und ergonomischen Griffen, die wiederum von Händen gehalten wurden, die zu Körpern gehörten, die einer perfekten Choreografie folgten. Im Gleichschritt marschierend, in Socken, die die Kraft über Sandalen geräuschlos auf den Boden übertrugen. Nur der abrupte Stillstand in den schwingenden, aber perfekt ondulierten Frisuren der Frauen zeigte an, dass die Kolonne zum Stehen gekommen war, millimetergenau, in genormtem Abstand.

Da stand ich nun mitten unter ihnen mit meinem Vier-Rollen-Schiebe-Trolley, weil der ja viel praktischer ist als der Zwei-Rollen-Zieh-Trolley. Allein meine Anwesenheit genügte, um den Altersdurchschnitt in der Schlange um schätzungsweise 36 Jahre zu senken. Der Vorteil, wenn ich mit urlaubserprobten Freizeitprofis fliege, ist, dass alles perfekt läuft, wie eine tausendmal geübte Notfallübung. Das Boarding geht ruckzuck, kein Gerangel um die Plätze, keine überfüllten Gepäckfächer. Zügig wird das Nackenkissen aufgeblasen und die Schlafmaske über die Augen gestülpt. Nicht mal das obligatorische Klatschen, wenn die Räder des türkischen Fliegers den Boden berühren. Schließlich applaudieren wir ja auch nicht im OP, wenn der Oberarzt seine Arbeit fehlerfrei zu Ende bringt.

Es ist mir ein Rätsel, dass ein Land, dessen Lieblingsthema die Überfremdung ist, bei jeder Gelegenheit so international auf Reisen geht. Ein Freund klärte mich schließlich auf. Er meinte, dass sich der Deutsche seit der Varusschlacht aus allen Nationen der Welt zusammensetzt. Er müsse also reisen, damit er den Flecken wiederfände, von dem einst seine VorvorvorVorfahren aufgebrochen seien.

Die visumfreie Einreise in die Türkei ist übrigens der Grund, warum die Russen schwarmartig in Antalya einfallen. Zahlenmäßig haben sie die Deutschen längst überholt und sich die Küstenstadt unter den Nagel gerissen. Ein türkischer Kellner kommentierte die Lage folgendermaßen: »Jahrelang haben wir uns über die Deutschen lustig gemacht. Allah hat uns nun dafür bestraft und uns die Russen geschickt.«

Komisch, dass ich immer wieder meinen Urlaub in der Türkei verbringe, also in das Land zurückkehre, in dem ich geboren bin. Zwar bin ich durch und durch deutsch, aber meine türkischen Gene spielen verrückt, wenn ich mich in einer Situation wiederfinde, die mich zwingt, meine türkischen Landsleute in Schutz zu nehmen. »Schade«, sagte ein deutscher Hotelgast zu seinem Gegenüber, »dass die Türken in Deutschland nicht genauso freundlich und höflich sind wie hier.« »Schade«, warf ich ungefragt ein, »dass die Deutschen in Deutschland nicht genauso freundlich und höflich sind wie in ihrem Türkeiurlaub.«

Vielleicht lerne ich doch noch angeln und probiere es im nächsten Jahr mit Lachsfischen in Kanada.

Oder wie mein Vater sagen würde: »Çok yaşayan değil, çok gezen bilir.« – Nicht wer lange lebt, wer viel reist, weiß viel.

18. April 2011

Kerne der Sonnenblume

Die Türken haben die Kernspaltung erfunden. Das macht sich besonders zum Frühlingsanfang in Kreuzberg bemerkbar. Wenn man jetzt nicht aufpasst, wird man unweigerlich von fliegenden gerösteten Sonnenblumenkernen getroffen. Im schlimmsten Fall, wenn sie bereits im herausgelösten Zustand sind.

Sonnenblumenkerne zu spalten gehört zu den Grundlagen der türkischen Erziehung. Die Fertigkeit, den Kern aus der Schale zu lösen, habe ich von meinem Vater gelernt. Der wiederum von seinem Vater, der von seinem Vater und so weiter. So wird dieses Geschick von Generation zu Generation weitergegeben. Nur das Problem der Restmüllbeseitigung ist auch nach jahrtausendlanger Praxis noch nicht gelöst worden. So landen die ausgelutschten Schalen einfach auf dem Boden.

Ich muss zugeben, dass ich meinen Vater beim Erlernen des Kernherauslösens in den Wahnsinn getrieben habe. Ich meine mich zu erinnern, dass er nach acht Stunden die Schale mit den Kernen im hohen Bogen aus dem Fenster geworfen hat. Heute beherrsche ich die Kunst selbstverständlich perfekt. Es gibt zwei erprobte Kernspaltungstechnologien: zum einen die Hasen-Variante, bei der man die Spitze anknackt und sich gefühlvoll hochknabbert, und zum anderen die Spitzspalt-Variante, bei der man den Kern hochkant zwischen die Schneidezähne nimmt, die Schale aufknackt, den geöffneten Kern seitlich wegdreht und das weiche Innere mit der Zunge herausfischt. Um den Kern so geschickt zu öffnen, dass man nicht ständig Krümel zwischen den Lippen hat, muss man enorm lange üben.

Empirische Untersuchungen gibt es dazu zwar keine, aber ich kann persönlich und aus eigener Erfahrung bezeugen, dass die Geschicklichkeit der Türken, unermüdlich und eindrucksvoll zu küssen, auf die feinmechanischen Fertigkeiten der Kernspaltung zurückgeht.

Ich kann es gar nicht erwarten, den Brauch endlich an meine Tochter weiterzugeben. Bisher haben wir die Regelung, dass ich die Kerne in mühevollster Kleinarbeit öffne und sie die Auslese ohne große Anstrengungen futtert. Der türkischstämmige Vater weigert sich übrigens, die »dörfliche Angewohnheit«, wie er das Sonnenblumenkerneessen nennt, in den Erziehungsplan unserer Tochter aufzunehmen. Das hat man davon, wenn man Türken ständig diesen Knigge zu lesen gibt.

In Kreuzberg wird im Frühling alles, was irgendwie als Sitz dienen könnte, vor die Tür gestellt. Ich bin davon überzeugt, dass man von der Artenvielfalt des Gestühls und der Sitzkultur auf die Herkunft von Menschen schließen kann. Alte Männer hocken auf Kisten, Frauen bilden Kreise auf Decken, Machos fahren in ihren verspachtelten Schlitten im Schritttempo über die Oranienstraße, und aufgehübschte Mädchen schlendern möglichst langsam über die Gehwege, um ja nicht übersehen zu werden. Und alle spalten sie Sonnenblumenkerne.

Meine Mutter, eine gestandene Dorftürkin, kommt niemals aus der Türkei zurück, ohne etliche Tüten Sonnenblumenkerne in ihren Koffern zu verstauen. Aber man muss nicht gleich in die Türkei reisen, um an den Stoff zu gelangen. In Kreuzberg gibt es einen ganzen Laden mit dem Trockenfutter. Türken nennen Sonnenblumenkerne »eğlencelik«. Was so viel bedeutet wie »für das Vergnügen«. Für das Spalten der Sonnenblumenkerne gibt es natürlich auch einen eigenen Begriff: »çitlemek«. Weil sie beim Öffnen das Geräusch »çit« machen.

Leider musste ich schon nach dem ersten Frühlingswochenende eine Kern-Zwangspause einlegen. Meine ausgetrockneten Winterlippen waren wohl noch nicht bereit für die anatolische Mundakrobatik. Sobald der tiefe Riss in meiner Lippe abgeheilt ist, fange ich sofort wieder an.

Oder wie mein Vater sagen würde: »Açın karnı doyar, gözü doymaz.« – Der Mund ist schnell gefüllt, aber langsam das Auge.

25. April 2011

Politischer Idiotentest

In meinem Osterurlaub in der Schweiz, wo Minarette nur bis zur Grasnarbe wachsen, fiel mir der Satz meines Vaters ein: »Eliyle iş yaparken, kıçıyla dağ devirir.« Ich spanne Sie ein wenig auf die Folter, zumindest diejenigen, die der türkischen Sprache nicht mächtig sind. Gestatten Sie mir, ein wenig weiter auszuholen.

Erinnern Sie sich noch an die Schulzeit? Da gab es immer einen in der Klasse, den Uncoolen, Langweiligen, den alle blöd fanden. Aber die Lehrerin befahl, die Spaßbremse und den Besserwisser in die Gruppe zu integrieren. Am Gründonnerstag hörte ich vom Ergebnis der Schiedskommission der SPD im Parteiordnungsverfahren gegen Thilo Sarrazin. Frei nach Friedrich Schillers »Wilhelm Tell« schoss mir folgender Gedanke durch den Kopf: Durch diese hohle Phrase (es entspreche nicht »meiner Überzeugung, Chancengleichheit durch selektive Förderungs- und Bildungspolitik zu gefährden«) kann er entkommen. Wenn es führt kein andrer Weg, dann Gutnacht.

Wie muss man sich gerade in der SPD fühlen? Gerade dann, wenn sie deutlich machen könnte, dass in den viel gepriesenen Grundwerten der Sozialdemokratie auch Saft und Kraft stecken und nicht nur der nächste Kompromiss, um sich über die Runden zu retten, leidet sie an Entscheidungsschwäche.

Selbst unser Bundesguido kann im Weltsicherheitsrat nicht so schnell kneifen wie die SPD in diesem Parteiordnungsverfahren. Oder steckt gar ein großer Plan dahinter, den ich nicht durchschaue? Nimmt die SPD die Integration nun so ernst, dass sie niemanden mehr gehen lassen will? Feind, Todfeind, Parteifreund heißt es im Volksmund. Wen ich nicht bekehren kann, den erdrücke ich mit meiner Zuneigung. Kurt Tucholsky schrieb einmal über die Genossen: »Die sind richtig, die wähle ich, man weiß, die tun was für die Revolution, aber man hat das sichere Gefühl, mit denen kommt sie nie.«

Heinrich IV. ging nach Canossa, in der Bundesliga hätte der

spuckende Spieler 20 000 Euro an einen islamischen Kulturverein zahlen müssen, Kurt Beck kam bis zum Schwielowsee, bis er sein Amt als Parteivorsitzender los war. Aber der nörgelnde Genosse, der Pullovertragen in der kalten Bude als aktiven Klimaschutz für Erwerbslose empfahl und sich als Hobbykoch für die Armen einen Namen machte, musste nur für fünf Stunden ins Bezirksrathaus Wilmersdorf, wo die Anklägerin Andrea Nahles das Wort führte. Jene Sozialdemokratin, die so linkslastig tut, wie mein fettarmer Biojoghurt rechtsdrehend wirkt.

Mein Bruder Mustafa machte vor einiger Zeit den Idiotentest, um seinen Führerschein wiederzubekommen. Er schwor, nie wieder in geschlossenen Ortschaften 120 zu fahren und vor roten Ampeln anzuhalten. Am Ende des Tests wussten der Psychologe und mein Bruder, dass beide lügen, aber die Ordnung war wiederhergestellt. Mein Bruder durfte sich wieder in den Straßenverkehr integrieren.

Beim Wissen um die Lüge ist die Qualität entscheidend. Oder wie Dieter Hildebrandt sagte: »Das ist keine Lüge, sondern eine sachzwangreduzierte Ehrlichkeit.« Nachdem sich nun die Schiedskommission darauf verständigt hat, worauf sie sich verständigt hat, bleibt mir nur selbst zu erklären: Ich habe in meiner Kolumne nicht die Auffassung vertreten oder zum Ausdruck bringen wollen, etwas zu erreichen. Es entspricht insbesondere nicht meiner Überzeugung, eine Meinung zu haben. Mir lag es fern, in meiner Kolumne Kritik an der SPD, insbesondere an Führungspersonen, zu üben. Ich habe zu keiner Zeit die Absicht gehabt, mit meiner Kolumne sozialdemokratische Grundsätze zu verletzen.

Wilhelm Tell hatte übrigens einen zweiten Pfeil dabei, für den Fall, dass die Nummer mit dem Apfel schiefgeht.

Oder wie mein Vater eben sagen würde: Was der Mensch mit den Händen aufbaut, wirft er mit dem Hintern wieder um.

2. Mai 2011

Die Frage der letzten Ruhe

Am Wochenende rief meine Mutter an. Sie erzählte mir, dass mein Onkel gestorben sei. Die ganze Familie sei damit beschäftigt, ihn in unser anatolisches Dorf zu bringen, um ihn dort so schnell wie möglich beizusetzen. Mir fiel die Geschichte ein, wie ein Bekannter meines Vaters vor 30 Jahren seine tote Mutter in einen Teppich wickelte, auf dem Dachgepäckträger seines Autos befestigte und sie in die Türkei brachte. Damals kostete es noch ein halbes Vermögen, einen Leichnam mit dem Flugzeug zurück in die Heimat zu fliegen.

Die meisten Türken der ersten Generation wollen in ihrem Heimatland begraben werden. Die wenigsten wissen, dass es auf deutschen Friedhöfen mittlerweile islamische Grabfelder gibt. Und die, die davon gehört haben, wollen trotzdem zurück in die Türkei. Wenn sie es lebend schon nicht geschafft haben, dann eben tot.

Niemals würde ich mich trauen, meine Eltern zu fragen, ob sie sich nicht lieber in Deutschland beerdigen lassen möchten. Sie davon zu überzeugen ist undenkbar. Nur einmal habe ich diese Möglichkeit angedeutet. Meine Mutter hat zwei Tage nicht mit mir gesprochen, und mein Vater zischte: »Deine Mut-

29

ter und ich wissen, wo wir beerdigt werden wollen, unsere Heimat tragen wir hier«, und klopfte sich auf sein Herz. Sie möchten neben ihren Eltern liegen, in Akpınar Köyü, dem Dorf der reinen Quelle, in Anatolien. Dort stammen sie her, dorthin wollen sie zurück.

Es wird die Zeit kommen, in der meine Eltern nicht mehr da sein werden. Und ich als Gastarbeiterkind werde sie doppelt verlieren: Sie werden nicht mehr leben, und ihre Gräber werden Tausende Kilometer von meinem Heimatland entfernt sein. Nur wenn ich nach Akpınar Köyü fahre, werde ich sie besuchen können. Wenn ich daran denke, überkommt mich eine tiefe Traurigkeit. Wo ich einmal beerdigt werden möchte, steht fest: in Berlin. Ich möchte dort bleiben, wo meine Kinder sind. Sie und meine Enkelkinder sollen jederzeit zu meinem Grab kommen können, wenn sie Sehnsucht nach mir haben. Sie sollen die Möglichkeit haben, es immer zu tun, ohne ein teures Flugticket kaufen oder eine lange Reise machen zu müssen.

In Berlin können sich Muslime auf dem Friedhof Gatow und am Columbiadamm nach den Ritualen ihres Glaubens beisetzen lassen: nach Osten gerichtet und ohne Sarg, nur mit einem Leichentuch umhüllt. Meinem ersten deutschen Freund bot ich damals an, dass wir uns auf der Trennlinie ein Doppelgrab errichten lassen könnten. Er auf der Christenseite und ich im Ostflügel. Aber er fand das keine gute Idee. Als Atheist wollte er seine Organe lieber spenden und anschließend anonym beigesetzt werden.

Vielleicht sollte ich mit meinen Eltern einen Ausflug auf einen Berliner Friedhof unternehmen, wenn sie mich das nächste Mal hier besuchen. So würden sie sehen, dass auch der deutsche Friedhof durchaus als würdevoller Ort für die letzte Ruhe geeignet ist. Sie wären bestimmt von der Schönheit beeindruckt und davon, dass die Gräber und überhaupt der ganze Friedhof so gepflegt sind. Sich in Deutschland bestatten zu lassen, bedeutet nicht, seine Herkunft aufzugeben.

In der Trauer sind wir alle gleich: Wenn wir uns auf den Friedhöfen unsere Gießkannen ausleihen, Gräber umgraben, Tüte um Tüte mit Pflanzen auspacken, den Müll sorgfältig entsorgen, Wasserkanister füllen, um die Grabsteine zu schrubben. Damit wir den Menschen nahe sind, die wir lieben und die uns am meisten fehlen. Auf dem Friedhof ist man einfach nur Mensch. Vollkommen integriert.

Oder wie mein Vater sagen würde: »Ağlama ölü için, ağla diri için.« – Weine nicht um die Toten, weine um die Lebenden.

12. Mai 2011

Lust und Verlust

Die letzte Woche war für meinen Geschmack erdrückend sexlastig: überall Berichte über die Vergewaltigungsvorwürfe gegen Dominique Strauss-Kahn. Ich bekomme schon einen hochroten Kopf, wenn Kuss- und Bettszenen im Fernsehen länger als fünf Sekunden dauern. Dann suche ich hastig die Fernbedienung und schalte auf ein anderes Programm.

Es ist mir wie allen Frauen ein Rätsel, wie ein Mann, der Kontrolle über so viel Geld hat, machtlos gegenüber seinen Trieben ist. Kann sein, dass wir Türken ein bisschen altmodisch sind, aber die Europäer meinen, alles machen zu dürfen sei modern. Aber auch, wenn man Kultur mit Löffeln isst, kommt es irgendwann auf dem Klo wieder raus. Während die, die kulturelle Aufklärung für sich in Anspruch nehmen, allwissend tun, bringt es mein türkischer Gemüsehändler mit einem simplen Satz auf den Punkt: »Gülme komşuna gelir başına« – nicht über deinen Nachbarn lachen, es könnte dir selbst passieren.

»Alle Kulturen«, klärt mich ein Freund auf, »entstanden aus den drei Urtrieben: Jagen, Sammeln und Fortpflanzen.« Heute sei das Jagen der Kapitalismus, Sammeln die Wissensgesellschaft und Fortpflanzung die Rollenbilder. Der Mann strebe beim Sex nach minimalen Reibungsverlusten. Überhaupt war die Frau in der Historie dazu bestimmt, Konflikte zwischen Territorien zu vermeiden. Wenn das schiefging, zog die Allianz der Holzpferde gegen Troja, um die schöne Helena in die Pflicht zu nehmen. Bei »Romeo und Julia« waren zwei Clans bemüht, ihre Gebiete gegen feindliche Übernahmen abzusichern. Und im »Barbier von Sevilla« hat ein cleverer Bürgerlicher alles in die Waagschale geworfen, damit die Erstverwertungsrechte an seiner Frau nicht einem Herrscher zum Opfer fallen.

Mir fiel ein Bekannter ein, der Arzt ist. Seine Frau ist wunderschön und eine perfekte Mutter ihrer drei Kinder. Bevor sie ihn geheiratet hat, war sie Stationsschwester. Ein anderer Bekannter ist Anwalt. Seine Frau, auch wunderschön, ist ebenfalls eine perfekte Mutter der zwei Kinder. Bevor er sie geheiratet hat, war sie Rechtsanwaltsgehilfin. Ein dritter Bekannter ist Chef einer großen Firma. Seine Frau war früher seine Sekretärin. Mir ist allerdings keine Chirurgin bekannt, die mit einem Pfleger verheiratet wäre. Oder eine Kolumnistin, die den Zeitungsboten geehelicht hätte. Meine Herren, kommen Sie mir bitte nicht mit

Madonna und ihrem Model-Jüngling oder Prinzessin Victoria von Schweden und dem Fitnesstrainer. Popsängerin und Prinzessin sind keine Berufe.

Warum nur wollen Männer Frauen, die ihnen unterlegen sind? Oder anders gefragt: Warum schlafen sich Männer nach unten und Frauen nach oben? Dabei sind wir Schlauen doch ebenso anlehnungsbedürftig. Seit ein Freund dies enträtselt hat, will er nur noch die Intelligenzbestien. Er sagt, selbst schuld, wer unter Wert die Hose runterlasse.

Apropos Hose runterlassen: Herrn Kaisers Männer amüsierten sich in Budapest, Herr Kachelmann bekommt vom Staatsanwalt SMS vorgelesen, und der Mann mit dem vielen Geld darf mit Fußfesseln den Hochsicherheitstrakt verlassen. Warum gehen wir mit diesen Männern eigentlich so feinfühlig um?

Ganz so anklagend möchte ich Sie aber nicht aus der Kolumne verabschieden. Ich kenne einen Gymnasiallehrer, der mit einer Ärztin verheiratet ist. Ein Gegenbeispiel? Pustekuchen! Er betrügt seine Frau mit dem Kindermädchen. Überrascht fragte ich nach dem Grund. Er sagte, er wolle auch mal nur Anerkennung und nicht jede Meinungsverschiedenheit stundenlang ausdiskutieren müssen.

Oder wie mein Vater sagen würde: »Bin gönülü yıkmak kolay, fakat birini yapmak zordur.« – Es ist leicht, tausend Herzen zu brechen, aber schwer, eins zu gewinnen.

22. Mai 2011

Lob des Doppelfensters

Mein Vater hegt eine tiefe Liebe zu doppelverglasten Fenstern. Mit dieser Begeisterung steht er nicht alleine da. Bundeskanzlerin Angela Merkel antwortete auf die Frage, welche Empfindungen Deutschland in ihr weckt: »Kein anderes Land kann so dichte und so schöne Fenster bauen.« Als mein Vater in unserem alten Zechenhaus in Duisburg die ersten Doppelglasfenster einsetzen ließ, musste jeder einmal seiner Beweisführung für die Spitzenqualität lauschen. Er öffnete die Fenster und fragte: »Hörst du das?« Dann schloss er es. »Hörst du das? Nix hörst du.« Dann machte er es noch dreimal auf und zu und strahlte übers ganze Gesicht. Als jeder in der Familie und auch die Nachbarn überzeugt worden waren, dass ein Leben ohne doppelverglaste Fenster grauenvoll ist, durfte meine Mutter endlich die praktischen Fenster mit schweren, dekorativen Stoffen verhängen.

In meiner Kindheit war die Lieblingsantwort meines Vaters auf alle Fragen und Wünsche: »Wenn wir erst ein Haus in der Türkei haben ... «. Meine Geschwister und ich konnten die Sehnsucht nicht ganz nachvollziehen, lieber hätten wir zu Hause in Duisburg ein richtiges Badezimmer gehabt statt einer provisorischen Dusche. Wenn Reparaturen im Haus anstanden, überlegte mein Vater genau, ob es sich noch lohnen würde, das zu richten.

Eine der größten Schnittmengen zwischen Deutschen und Türken ist, dass sie leidenschaftliche Handwerker sind. Die Bastelstunde am Wochenende, das Zusammentragen von Baumaterial und der notwendigen Werkzeuge ist für meinen Vater zur

Berufung geworden. Seit ich denken kann, wünscht sich mein Vater einen Ingenieur als Schwiegersohn. Monatelang hat er versucht, mich mit einem entfernten Verwandten zu verkuppeln, der in München Maschinenbau studierte. Er fände es sehr praktisch, einen Ingenieur in der Familie zu haben, der ihm bei Reparaturen zur Hand gehen könnte. Doch bisher reichte es bei seinen Schwiegersöhnen nur für einen Automechaniker, einen Betriebsleiter und einen türkischen Beamten. So sucht er den fachlichen Austausch in diversen Baumärkten rund um Duisburg und hat ein Thema gefunden, über das er jederzeit mit Hobbyhandwerkern kommunizieren kann. Manchmal in seiner Muttersprache und manchmal mit Händen und Lauten, wenn er versucht, dem Baumarktverkäufer seine neueste Entdeckung zu erklären.

Übrigens hat sich viel getan in den letzten Jahren, zumindest bei meinen Eltern. Sie haben das kleine Zechenhaus gekauft und jede Diele, jede Stromleitung erneuert. Meine Mutter hat sogar ihre schweren Teppiche gegen Parkett ausgetauscht. Das Badezimmer ist längst hochmodern mit allen Annehmlichkeiten, von der Dusche bis zur runden Badewanne. Mein Vater zeigt bei jedem meiner Besuche stolz, was er für Verbesserungen in seinem Haus eingebaut hat. Wie herrlich hätte doch meine Kindheit sein können, wenn es die Baumärkte schon früher gegeben hätte.

Ich habe meinem Vater einen Prospekt über dreifach verglaste Fenster mitgebracht. Nicht dass er sie bräuchte, unser Haus liegt in einer Sackgasse, in die sich pro Tag höchstens drei Autos verirren. Seit meinem Besuch streift er wieder täglich durch die Baumärkte.

Oder wie meine Mutter sagen würde: »Iki gönül bir olunca

samanlık seyran olur.« – Wenn zwei Herzen eins sind, wird die Scheune zum Palast.

29. Mai 2011

Ackern wie Mama

Was Spielplatzbesuche angeht, bin ich für Charlottenburger Verhältnisse geradezu altmodisch. Ich habe keine Wechselwäsche dabei, keine Frischhaltedose mit mundgerecht geschnittenen Karotten- und Gurkensticks und keine makrobiotischen Reiswaffeln. Auch renne ich meiner Tochter nicht mit einer Flasche Bioapfelsaftschorle hinterher und rufe: »Aber Mäuschen, es ist doch so heiß, du musst trinken, sonst dehydriert dein Körper.«

Üblicherweise gehen wir mit folgender Ausstattung auf den Spielplatz: Eimer, Schaufel, Förmchen, Gießkanne und Mütze. Unterwegs kaufen wir einen Café Latte für mich, einen Kakao für sie und dazu teilen wir uns ein großes Stück Schokoladenkuchen.

Als Dank bekomme ich einen dicken Kuss, und die gute Laune ist zumindest bis zur Mittagsschlafenszeit gesichert. Was waren das für schöne Zeiten früher, als wir auf Bäume kletterten, Höhlen bauten, aufgeschlagene Knie hatten, Kirschen aus Nachbars Garten klauten, aßen, wenn wir Hunger hatten, tranken, wenn wir durstig waren, und nach Hause gingen, wenn es dunkel wurde.

Als meine Familie und ich Anfang der 70er-Jahre unser Zechenhaus in der Bergmannssiedlung in Duisburg-Marxloh bezogen, verzweifelte meine Mutter daran, dass sie in der ganzen Stadt kein ordentliches Gemüse finden konnte. Wie sollte sie bloß ihre Familie ernähren? Bald würden ihre armen Kinder so blass, blond und farblos aussehen wie die der Nachbarn. Es gab weder Auberginen noch wohlschmeckende Tomaten, Paprika oder Zucchini. Aber meine Mutter wäre nicht meine Mutter, wenn sie sich nicht zu unserer Rettung bald etwas hätte einfallen lassen. Unser Vormieter überließ uns nicht nur ein gepflegtes Stückchen Rasen, sondern auch akkurat zurechtgeschnittene Rosensträucher. All das ist in den Augen einer anatolischen Mutter Unkraut oder zumindest eine verantwortungslose Verschwendung von Nutzfläche. Sie verwandelte den liebevoll gehegten Rosengarten kurzerhand in ein anatolisches Gemüsefeld. Sie rupfte alles aus, was der gute Mann in jahrelanger Mühsal gezüchtet hatte. Sie grub den Boden um, streute Samen und pflanzte kleine Setzlinge, die mein Vater von einem türkischen Kollegen beschafft hatte. Schon wenige Monate später konnte sie endlich wieder die vielen türkischen Köstlichkeiten zubereiten, ohne sich überlegen zu müssen, ob die Zucchini durch eine Gurke ersetzt werden konnte. Sie erntete Erdbeeren im Mai, Gurken und Zucchini im Juni, Tomaten im Juli, Himbeeren im August und Kartoffeln im Herbst. In unserem Garten reiften Stangenbohnen, Kürbisse, sogar Knoblauch und Frühlingszwiebeln. Nach der Ernte legte meine Mutter das Gemüse in Gläsern ein, kochte Marmelade, und damit war unsere Versorgung im Winter sichergestellt.

Meine Tochter kennt das alles nicht. Im Supermarkt gibt es sämtliche Obst- und Gemüsesorten zu jeder Jahreszeit. »Fortschritt«, kommentierte ein Freund, »braucht eben eine Gesellschaft, die damit umgehen kann.« Denn was bleibt an einer Biogurke natürlich, wenn sie 2500 Kilometer aus Spanien nach Deutschland reist? Unser Brot wird schockgefrostet aus Frankreich geliefert, der Lieblingswein aus Chile, die Erdbeeren aus Südafrika, der Barsch mit dem Frachtflieger aus Tansania. Für jede Tasse Kaffee, die produziert wird, werden 140 Liter Wasser verbraucht, und die Insektizide unserer Bananen schädigen seit Generationen das Erbgut der Pflücker in Guatemala. So betrachtet sind die aktuell zu vermeldenden Lebensmittelskandale in Deutschland für die Verbraucher zwar sehr bedauernswert, global betrachtet aber geradezu verschwindend gering.

Oder wie mein Vater sagen würde: »Misafir umduğunu değil, bulduğunu yer.« – Der Besuch isst nicht, was er erwartet, sondern was er vorgesetzt bekommt.

6. Juni 2011

Türkische Eltern haben die Macht

Meine Eltern machen ein Sabbatical. Sie haben sich eine Auszeit genommen. Sozusagen raus aus dem Trott, Neues entdecken, dem Alltag entkommen. Deshalb haben sie ihr Sommerhäuschen an der Ägäisküste verlassen und sind nach Berlin gekommen. Einfach mal weg von Sonne, Meer und dem immer gleichen Rentnerdasein. Ist ja auch nicht auszuhalten, dieses Leben. Damit sich die furchtbar lange Anreise von drei Flugstunden auch wirklich lohnt, bleiben sie gleich mehrere Monate. Natürlich sind sie nicht meinetwegen hier, sondern weil sie ihre Enkeltochter vermissen, die Tochter eines Bekannten heiratet – und ihnen die Hitze in der Türkei im Alter immer mehr zu schaffen macht. Aber das würden sie natürlich niemals zugeben. Manchmal wünsche ich mir, ich hätte ganz normale deutsche Eltern, die ihren Besuch bei mir nicht mit den Worten ankündigen: »Wir sind gelandet, hol uns vom Flughafen ab.«

Ich kenne deutsche Eltern, die im Hotel übernachten, wenn sie ihre Kinder besuchen. Ich schwöre, das habe ich selbst bei einer Freundin erlebt. Ich möchte nicht wissen, wie viele Knochen ich gebrochen bekäme, wenn ich das meiner Mutter vorschlagen würde. Allein die vorsichtige Anregung, einen Abend in einem türkischen Restaurant zu verbringen, bestraft sie mit tagelangem Beleidigtsein. Wenn meine Mutter ihre Kinder zurechtweist, klingt es mitunter ziemlich erbarmungslos. Wenn ich mich zum Beispiel mit meinen Geschwistern zu lange auf Deutsch unterhalte, sagt sie: »Mögen Wespen eure Zungen stechen.« Wenn wir Schimpfwörter benutzen, bekommen wir zu hören: »Ich zerreiß euch eure Münder.« Manchmal, wenn sie wirklich sehr böse auf mich ist, sagt sie: »Allah soll dir das Leben nehmen.« Aber sie meint es nicht so.

Es gibt bezüglich meiner Mutter zwei Gesetze, die bei uns ohne Ausnahme gelten: Nur sie darf auf dem Beifahrersitz des Mercedes sitzen, und man darf ihr niemals das Gefühl geben, dass sie stört. Sobald sie das spürt, ziehen sich Zornesfalten auf ihrer Stirn zusammen, sie bäumt sich auf und klagt mit bebender Stimme: »Ich habe dich neun Monate im meinem Bauch getragen, du warst von meinen sechs Kindern das schwierigste. Ist das der Dank für all meine Strapazen?« Ihre Augen werden ganz klein, und sie zieht sich gekränkt in die Ecke des Sofas zurück. In einer solch verfahrenen Situation gibt es nur eine klitzekleine Chance, eine türkische Mutter zu besänftigen. Man muss sie in den Arm nehmen und ihr sagen: »Liebste Mutter, du bist der tragende Balken unseres Hauses.«

Mein Vater hält sich wie immer aus allen Streitigkeiten heraus. Er weiß ganz genau, was ihm nach über 50 Jahren Ehe mit einer anatolischen Frau blüht, wenn er sich ungefragt zu Wort meldet. Auch wenn mein Vater stets einen auf dicke Hose macht, meine Mutter hat bei uns zu Hause trotzdem die Hosen an. Und das, obwohl sie nie welche trägt. Sie ist das Machtzentrum, trifft alle wichtigen Entscheidungen und nimmt alle Weichenstellungen im Haus vor. Bei aller Rührung, die mich überkommt, wenn mein Vater meine Mutter als die faktische Führungskraft im Akyün-Clan anerkennt – ist das der Preis für eine unzerbrechliche Zweierbeziehung? Oder ist das einfach die grenzenlose Hingabe aus einer vergangenen Zeit, zu der wir Individualisten gar nicht mehr fähig sind? Da sind wir jungen Deutschen schlichtweg viel zu pragmatisch. Eine Ehe ist eine Zugewinngemeinschaft, und wenn es nichts mehr zu gewinnen gibt, wird sie eben geschieden.

Oder wie mein Vater sagen würde: »Ateşle oynama elini yakar, kadınla oynama evini yakar.« – Spiel nicht mit Feuer, sonst verbrennst du dir die Hand. Spiel nicht mit einer Frau, sonst brennt dein Haus.

14. Juni 2011

Wie man Allahs Gast wird

Es gibt Menschen, die fahren Cabrio, sitzen in Cafés oder machen Ausflüge zur Ostsee, um das schöne Wetter zu genießen. All das empfindet mein Vater als sinnlose Lebenszeitverschwendung. Sobald die Temperatur oberhalb des Gefrierpunktes liegt, stellt er seinen Grill auf. Dass er sich warm einpacken muss und die Nachbarn sich hinter ihren Gardinen über ihn lustig machen, ist ihm egal. Wenn ich ihm vom Fenster aus zurufe, dass er doch besser den Elektrogrill benutzen solle, wedelt er noch heftiger mit einem Stück Pappe und erzeugt dabei so viel Rauch wie ein Diesellastwagen.

Es gibt zwei Dinge, die für meinen Vater lebenswichtig sind: essen und reden. In dieser Reihenfolge. Sobald die ersten Sonnenstrahlen herauskommen, fährt er von Park zu Park und macht dort halt, wo seine Familie und der Grill Platz haben. Als er 1972 die ersten Rauchschwaden durch seinen Garten in Duisburg wehen ließ, schauten unsere deutschen Nachbarn noch misstrauisch über den Zaun. Heute ist das alles kein Problem mehr. Sie haben sich längst an die Grillorgien meines Vaters gewöhnt. Auch mein Unverständnis über seinen Grillwahn löst sich in dem Moment in Wohlgefallen auf, in dem das duftende Fleisch auf meinem Teller liegt.

An Sommerwochenenden erinnert mich der Tiergarten ein wenig an das Heimatland meiner Eltern. Aber nicht wegen der kleinen Schönheiten wie dem Rosengarten oder dem wild wuchernden Oleander, nein, wegen der weitläufigen Rasenflächen. Dabei bewundern Türken gepflegtes Grün höchstens auf Fußballplätzen. Im Tiergarten geht es einzig und allein um die Bequemlichkeit. Einen eigenen Garten hat kaum eine türkische Familie in Berlin, und die Balkone sind meist mit Satellitenschüsseln zugestellt. Man muss also ins Freie ausweichen. Und da es sich auf Gras weitaus besser sitzen lässt als auf Steinplatten im Hinterhof und die Bäume hier auch weit auseinanderstehen, bietet der Tiergarten den perfekten Ort, um Eltern, Kinder, Nichten, Neffen, Tanten, Onkel, Großmütter und Großväter zu versammeln und den Grill anzuschmeißen. Man bleibt nicht lange unter sich, es gesellen sich andere Grillgemeinschaften hinzu, ja Wagenkolonnen fahren vor, im Kofferraum und auf dem Dachgepäckträger transportieren sie komplette Wohnungseinrichtungen. Tische, Stühle, Sessel, Sonnenblenden und natürlich den Grill. Ähnlich muss es auch im Lager der Türken vor den Toren Wiens ausgesehen haben. In kürzester Zeit steigen wohlduftende Rauchwolken auf, und dazwischen toben Kinder.

Ich muss zugeben, dass die Müllberge, die unfein entsorgten Plastikstühle und die schwarzen Brandkuhlen, die im Park zurückbleiben, kein schöner Anblick sind. Dann schäme ich mich ein bisschen für meine Landsleute. Sobald ich aber das köstlich zubereitete Fleisch rieche, bin ich schnell wieder eine von ihnen. Die Ordnungsämter haben den Kampf gegen die Invasion türkischer Großfamilien längst aufgegeben. Mittlerweile fahren die Touristenbusse nicht mehr an Bellevue vorbei, um den Amtssitz des Bundespräsidenten vorzuzeigen, sondern um die orientalische Grilloase gegenüber zu präsentieren.

Du kommst als Fremder und gehst als Freund, lautet ein türkisches Sprichwort. Wenn Sie also einem grillenden türkischen Familienvater begegnen sollten, gehen Sie zu ihm und sagen Sie freundlich: »Tanrı misafiri kabul ediyormusunuz – habt ihr für Allahs Gast einen Platz an eurem Tisch?« Ich verspreche, dass

Sie sofort zum Essen eingeladen werden. Nur keine falsche Scham, essen Sie, so viel Sie können, Sie werden es ganz sicher nicht bereuen.

Oder wie mein Vater sagen würde: »Can boğazdan gelir.« – Der Weg ins Herz führt über die Kehle.

20. Juni 2011

Kein Platz für Kinder

Ich bin froh, dass bei meiner Tochter neben Spielplatzbesuchen und Musikunterricht auch Einfühlungsvermögen auf dem Stundenplan steht. Wenn in der Kita zum Beispiel ein Kind absichtlich auf eine Ameise tritt, ruft meine Tochter entsetzt: »Man darf Tiere nicht töten. Sie haben eine Mami und einen Papi, und die sind jetzt ganz traurig, weil das Ameisenkind nicht mehr nach Hause kommt.« Verzeihen Sie mir meine Verweichlichung, aber wenn mir die Erzieherin so etwas über meine Tochter berichtet, trifft es mein Herz. Mein Herz wird auch getroffen, wenn ich höre, dass in Berlin ein Erzieher auf einem Spielplatz in Anwesenheit von Kindern krankenhausreif geprügelt wird, weil ein Anwohner den Kinderlärm nicht ertragen konnte. Ich möchte Sie bitten, die Ohren Ihrer minderjährigen Kinder kurz zuzuhalten und mir meine entgleisende Sprache gegenüber dem Täter zu verzeihen: »Sie Arschloch, Sie!«

Die Auflösung sozialer Bindungen ist ein Phänomen, das man in Berlin zweifach beobachten kann: bei sozial ausgegrenz-

ten und verarmten Menschen, aber auch bei der Wohlstandsverwahrlosung rücksichtsloser Neubürger, die beim Erwerb einer
Altbauimmobilie anscheinend meinen, einen Freibrief für un-
gehindert ausgelebten Egoismus hinzubekommen zu haben. Zu
vergleichen mit dem Glauben der Fahrer gewisser Automarken,
die Vorfahrt sei gleich »eingebaut«. Beides bedroht unser soziales Klima. Dem verprügelten Erzieher kann es also egal sein, ob
der Täter unfähig oder unwillig war, seine Asozialität abzulegen.

Das Gegenteil von Kinderfeindlichkeit ist Kindervergötte-
rung. Die zeigt sich oft bei Eltern, die im Alter noch einmal den
Sinn des Lebens begreifen wollen und den Nachwuchs in Selbst-
losigkeit und Fürsorge ertränken. Das Ergebnis sind verzogene,
verhätschelte Kinder, denen jegliche Orientierung fehlt.

Ein Land, das bei der Geburtenrate Schlusslicht in Europa
ist, dürfte es sich nicht leisten, kinderunfreundlich zu sein. Denn
nicht die geringe Geburtenrate ist das Problem in Deutschland,
nicht generelle Zweifel oder finanzielle Sorgen, ob man sich für
ein Kind entscheidet oder nicht, sondern die Kinderfeindlichkeit, mit der Kinder und ihre Eltern überall konfrontiert werden.

Es nervt mich, dass Leute die Unverschämtheit besitzen, sich
in Restaurants zu beschweren, weil sie der Kinderlärm stört. Dabei gehöre ich ganz sicher nicht zu den Frauen, die mit dem Kin-
derwagen die Cafés blockieren, auch sitze ich nicht stundenlang
mit anderen Müttern zusammen und lasse mich lautstark über
Kinderkrankheiten aus. Trotzdem höre ich diesen Satz immer
wieder: »Dass die mit ihren Blagen nicht zu Hause bleiben können.«

Erst im Ausland fällt mir auf, wie selbstverständlich Kinder zum Alltag gehören. Sie dominieren nicht, werden aber
auch nicht wie bei uns als störend empfunden. Es muss ja nicht

gleich die überzogene türkische Reaktion auf Kinder sein. Türken fallen sich auf der Straße fast um den Hals, weil sie gleichaltrige Kinder haben und dazu aus derselben Provinz in der Türkei stammen. Und wenn Frauen an der Supermarktkasse einem fremden Kind liebevoll in die Wange kneifen, über den Kopf streichen oder Bonbons für es kaufen, kann es sich nur um eine türkische Mutter handeln.

Elterngeld, frühkindliche Betreuungsangebote, Kitas und Spracherziehung: All diese Bemühungen sind richtig und längst überfällig. Die Geburtenrate wird aber erst dann steigen, wenn Eltern in ihrer Lebensplanung ein Gefühl von Sicherheit haben. Keine Garantien, kein verbriefter Aufstieg, aber eine Gesellschaft, in der Kinder willkommen sind und geliebt werden.

Oder wie mein Vater sagen würde: »Abdal düğünden çocuk oyundan usanmaz.« – Der Verrückte bekommt nicht genug vom Feiern, das Kind nicht genug vom Spielen.

30. Juni 2011

Seelenkaffee

Am Wochenende ist mir ein kleines Café in meinem Kiez aufgefallen. Draußen standen einige Holztische, mit bunten Stofftischdecken dekoriert. Die Besitzerin, eine Frau um die 40, stellte kleine Vasen mit frischen Blumen darauf. Niemand saß vor und niemand in dem Café, obwohl es die beste Einkaufszeit war. Nur einige Meter weiter beobachtete ich, wie sich im Eingang einer Kaffeehauskette mit grün-weißem Logo eine Schlange bildete. Ich muss zugeben, dass Kaffee aus diesen Läden Herzrasen bei mir auslöst. Das liegt weniger am Kaffee als am Preis. Aber besonders daran, dass ich in diesen Läden das Gefühl habe, nach einem immer gleichen Takt bedient zu werden.

Jeder eigene Gedanke wird einem freundlich abgenommen: Tall, Grande, Venti? Low fat, Soja oder laktosefrei? To go oder to stay? Vielleicht noch einen extra shot? Muffin, Donut, Cheesecake oder ein herzhaftes Sandwich dazu? Wenn man es endlich geschafft hat, dem Barista, so nennen sich die Verkäufer, alle Fragen zu beantworten, bekommt man endlich sein Heißgetränk ausgehändigt.

Ich möchte nicht altmodisch wirken, aber geht es Ihnen manchmal wie mir? Rechnen Sie Euro auch noch in Mark um? Und hätten wir für einen mittelgroßen Kaffee mit heißer Milch früher acht Mark bezahlt? Für diese Summe bekam man ein ganzes Mittagessen und ein Kaltgetränk. Mit früher meine ich nicht die Zeit vor meiner Geburt, sondern eine Zeit, deren Erinnerung bei mir noch nicht einmal verblasst ist. Wann ist es hip geworden, Kaffee im Pappbecher mit sich herumzutragen, den man im Gehen versucht, aus einem viel zu kleinen Loch zu trinken? Vielleicht ist das der urbane Lifestyle, von dem alle so sehr schwärmen. Genormte Läden mit genormtem Kaffee und genormten Menschen. Kein Risiko, enttäuscht zu werden, keine Ungewissheit, weltweit das gleiche Angebot, identische Becher, Kaffeemaschinen, Aufschäumer, Löffel und Kakaostreuer. Überall die gleichen Tische, Stühle, und für den Toilettenbesuch muss man sich den Schlüssel an der Theke abholen. Und weil es diese Läden mittlerweile überall auf der Erde gibt, wirken sie wie alte Bekannte. Dagegen kann ein individueller Laden mit individuellem Angebot, wie das kleine Café bei mir im Kiez, nicht mithalten.

Ich habe mich trotzdem in das Café gesetzt. Oder gerade deswegen. Heike, so heißt die Besitzerin, belegt Brötchen erst dann, wenn ein Kunde sie bestellt, also frisch. Der Kaffee schmeckt nach Kaffee, und den Kakao bereitet sie mit Milch zu. Liebe Mitte-Bewohner, das ist die weiße Flüssigkeit, die von Kühen stammt. Während ich gemütlich den *Tagesspiegel* durchblätterte, spielte Heike mit meiner Tochter, malte mit ihr Herzchen und brachte ihr Buchstaben und Zahlen bei.

Auch meine Eltern stammen noch aus einer alten Kaffeezeit. Mein Vater liebt seinen Handfilter, den er auf Reisen immer im Gepäck hat. Seit ich denken kann, trinkt er Filterkaffee mit Kondensmilch und Zucker. Ihn von Latte macchiato zu überzeugen, ist fast so unmöglich, wie einem Asiaten seinen Tee auszureden.

Zu Hause dachte ich über Heike und ihr Café nach. Ich fragte mich, warum ein grün-weißes Logo beliebter ist als Individualität. Ich dachte darüber nach, wie lange es Heikes Café wohl noch geben wird. Werfen Sie mir Sentimentalität oder Albernheit vor, aber ich habe beschlossen, meine Brötchen, meinen Kuchen und meinen Kaffee in Zukunft bei Heike zu kaufen. Von mir aus können die Baristas weiterhin ihre auswendig gelernten Sätze durch den Laden rufen. Einheitlichkeit ist zwar bequemer, aber auch langweiliger.

Oder wie mein Vater sagen würde: »Gönül ne kahve ister, ne kahvehane, gönül sohbet ister, kahve bahane.« – Die Seele braucht keinen Kaffee und kein Café, die Seele braucht das Gespräch, der Kaffee ist nur der Vorwand.

3. Juli 2011

Stadt der Gleichgültigkeit

Ich war in München. Der Verein »Lichterkette« hat zwei Kolleginnen und mich eingeladen, aus unserem Buch »Manifest der Vielen« zu lesen. »Lichterkette« entstand 1992. Es war jene Zeit in Deutschland, in der zuerst Asylbewerberheime und später Menschen brannten. Vier Münchner Bürger mobilisierten damals 400 000 Menschen und gingen am 6. Dezember 1992 gegen Fremdenfeindlichkeit und Rechtsradikalismus auf die Straße.

Vor zwei Wochen brannte das Anton-Schmaus-Haus (ASH) der Jugendorganisation Falken in Neukölln. Das ASH ist ein Ort für Kinder und Jugendliche, wo sie Hausaufgabenhilfe bekommen, Computerkurse machen, Gitarre spielen lernen, basteln und kochen. Freizeitangebote, für die die Familien der Kinder kein Geld übrig haben. Bedroht wurde die Einrichtung schon oft, nun ist sie in Rauch aufgegangen. Der Sachschaden ist groß – der immaterielle ist nicht wiedergutzumachen.

Die Frage, die mir durch den Kopf geht: Wann ist der Punkt erreicht, dass sich Menschen wie 1992 aufraffen und sich einbringen? Von Pastor Martin Niemöller stammen die Sätze: »Als die Nazis die Kommunisten holten, habe ich geschwiegen; ich war ja kein Kommunist. Als sie die Sozialdemokraten einsperrten, habe ich geschwiegen; ich war ja kein Sozialdemokrat. (...) Als sie die Gewerkschafter holten, habe ich geschwiegen; ich war ja kein Gewerkschafter. Als sie mich holten, gab es keinen mehr, der protestieren konnte.«

Jeden Tag passieren Dinge in unserer Stadt, die uns nicht berühren, weil wir nicht direkt davon betroffen sind. Ich merke nicht, dass die Bezirksbibliothek kein Geld für neue Bücher bekommt, weil ich meine Bücher in der Buchhandlung kaufe. Das kleine Theater, das schließen muss, interessiert mich nicht, weil ich in das Deutsche Theater gehe. Die freien Träger der Jugendhilfe, deren Verträge gekündigt werden, tangieren mich nicht, weil ich sie nicht in Anspruch nehmen muss. Das Haus der Falken wird angezündet, es betrifft mich nicht, weil meine Tochter zum Ballettunterricht geht. Wann macht es klick im Kopf? Wann realisiert man, dass das Schicksal meines Nachbarn, die Jugendhilfe, die Räume, in denen man Sozialverhalten erlernt, der freie Zugang zu Kultur und Bildung Schutzeinrichtungen einer sozialen Stadt sind, für die wir alle die Verantwortung tragen?

Oft denke ich an den Bezirksbürgermeister mit der Goldrandbrille, der so brillant die Missstände seines Bezirks bundesweit vermarktet, dass man ihn einfach ins Herz schließen muss. Gut, eine kleine Lücke klafft schon zwischen seinen drastisch bebilderten Schilderungen einerseits und der tatsächlich erlebten tatkräftigen Abhilfe andererseits. Nun weist er zu Recht darauf hin, dass die Soziallasten seinen Etat auffressen. Es fehlen die Mittel, um genau jene Zustände, die er beklagt, für die nachwachsende Generation abzuwenden. Wir, die das nicht betrifft, sehen es vielleicht mit Wohlwollen, wenn man den wuchernden Sozialausgaben mit der Heckenschere zu Leibe rückt. Allerdings übersehen wir womöglich, dass wir selbst auf dem langen Ende des Astes sitzen, der gerade abgesägt wird. Aber wenn die Probleme von heute schon erdrückend sind, warum verhindere ich dann nicht die von morgen, und zwar heute, womit ich mir die Ausgaben für morgen sparen kann?

Berlin war durch nichts kaputt zu kriegen. Weder der Faschismus noch Bombennächte oder die Mauer haben das vermocht.

Berlin kann nur eine einzige Sache zerstören: unsere Gleichgültigkeit.

Oder wie mein Vater sagen würde: »Anlayana sivrisinek saz, anlamayana davul zurna az.« – Dem Verständigen ist das Summen der Mücke ein Trommelgewitter, dem Begriffsstutzigen nicht einmal ein Orchester ausreichend.

10. Juli 2011

Keyif genießen

E ine Kolumne mit Leichtigkeit habe ich Ihnen versprochen. Was könnte beschwingter sein als ein entspannter Spaziergang durch Kreuzberg? Ich zog mein schönstes Sommerkleid an, band meine Haare zum Zopf und machte mich auf den Weg, um Keyif, meine türkische Lieblingsbeschäftigung, zu erproben. Keyif ist für viele Nichtmuttersprachler schwer auszusprechen und für Muttersprachler noch schwerer zu übersetzen. Das Wörterbuch sagt: »Wohlbefinden, Vergnügen, Unbeschwertheit«, aber eine reine Übersetzung wird der empfundenen Bedeutung dieses Wortes nicht gerecht. »Die Seele baumeln lassen«, hat es meine Schwester zu übersetzen versucht. Schön, aber das klingt noch nicht poetisch genug.

Aber mit einem Beispiel könnte ich es Ihnen erklären: Ich brauche nur auf den Markt am Maybachufer zu gehen, die freundlichen Marktverkäufer zu beobachten, mir all die bunten Farben der Stoffe und das frische Gemüse anzusehen, die Gerüche der Gewürze einzuatmen und mir Sesamkringel, Schafskäse, Tomaten und einen Tee zu kaufen. Dann setze ich mich ans Ufer, breite alles auf einem Stück Zeitung aus und genieße mein persönliches Keyif. Gleich neben mir sitzt eine junge Mutter mit ihren zwei Kindern, die dasselbe tut. Vielleicht ist ihr Mann arbeitslos, vielleicht weiß sie nicht, wie sie ihren Kindern morgen neue Schuhe kaufen soll, aber jetzt schaltet sie einen Moment ab. Und ein älterer Herr, der mit seinen Freunden raucht und diskutiert, macht es auch. Jeder genießt Keyif auf seine Weise.

Auf meinem sommerlichen Spaziergang durch Kreuzberg kam ich auch am Hasır, meinem Lieblings-Kebapci, vorbei. Es ist kein Restaurant, auch kein Imbiss, es ist eben ein Kebapcı. Der Kreuzberger Regisseur Neco Çelik beschreibt es so: »Hasır gehört zu einem Kreuzbergbesuch dazu, das vierundzwanzig Stunden Einheimische, Zugezogene und Touristen abfüttert. Und damit das schneller geht, machte irgendwann gleich nebenan der zweite Laden auf. So etwas kann nur hier funktionieren. Zwei gleiche Läden, zweimal das gleiche Essen, zwei Besitzer, aber keine Konkurrenz.«

Und wer sich bis jetzt noch nicht in diesen Stadtteil und ihre Menschen verliebt hat, geht rüber ins Smyrna. Geröstete Pistazien, Dutzende von Teesorten und allerlei Süßigkeiten. Es gibt Sonnenblumenkerne gesalzen oder ungesalzen, Kürbiskerne, Mais und Kichererbsen, geröstet, natur oder überzogen mit Gewürzen. Und wenn die Dame des Hauses gerade da ist, liest sie dem Gast sein persönliches Kismet aus der Mokkatasse. Im Smyrna nehme ich die längst vergessenen Gerüche meiner Kindheit wieder wahr. Ich kaufe eine Tüte Nüsse, setze mich auf die Oranienstraße und plötzlich tauchen Bilder vor meinem inneren Auge auf.

Neulich sah ich einen Beitrag im Regionalfernsehen. Weil die Redaktion offenbar nichts Spannenderes zu berichten hatte, ging es um das Wetter. Sie zeigten zweimal den gleichen Beitrag, jeweils mit einem anderen Text unterlegt. Im ersten Beitrag wurde ein Wehklagen über Regen, leere Schwimmbäder und verwaiste Straßen angestimmt. Im zweiten Beitrag ging es um das milde Klima und das Ausbleiben von Allergien. Es wurde vom vielen Platz in Freibädern und der Ruhe auf den Plätzen geschwärmt.

Ein Text ist ein Text, aber die Botschaft verstärkt sich über die Bilder. Die aber sind nur zu interpretieren über den Text. Und der Interpretationskorridor von Kreuzberg ist so breit, wie der Bosporus lang ist. Wer nichts verstehen will, sondern nur Bestätigung sucht, beraubt sich der Möglichkeit, Neues kennenzulernen. Mit dieser Erkenntnis verließ ich Kreuzberg.

Oder wie es mein Vater sagen würde: »Misafir kılığına göre ağırlanır, lafına göre uğurlanır.« – Der Gast wird nach seinem Gewand empfangen und nach seinem Gesagten verabschiedet.

24. Juli 2011

Für wen faste ich?

Während die meisten Berliner letzte Nacht tief und fest schliefen, begann für viele Muslime um 1.13 Uhr der erste Fastentag des Ramadan. Eigentlich heißt es bei Türken gar nicht Ramadan, sondern Ramazan. Und wenn man es ganz genau nimmt, auch nicht Ramazan, sondern Oruc. Ziemlich genau allerdings sind Beginn und Ende des Fastentages festgelegt. Von zu Hause weiß ich noch, wie mein Vater aus dem Koran zitierte: »Esst und trinkt, bis ihr in der Morgendämmerung einen weißen von einem schwarzen Faden unterscheiden könnt!« Ich habe als Kind im dunklen Zimmer so lange auf die Zwirnfäden in meiner Hand gestarrt, bis eine meiner Schwestern genervt das Licht anmachte.

Es gibt zwei Bemerkungen, die ich zur Fastenzeit regelmäßig von meinen deutschen Mitbürgern höre: Wieso fastet ihr den ganzen Tag, wenn ihr euch abends sowieso den Bauch wieder vollschlagt? Und: Das ist doch total ungesund, wenn man den ganzen Tag nichts trinkt. Ja, es macht medizinisch gesehen tatsächlich keinen Sinn. Da wären Buchinger- und Saftfasten besser geeignet. Aber unser Prophet war ja auch kein Ernährungsberater der örtlichen Krankenkasse. Es macht nämlich auch keinen Sinn, drei Wochen vor Weihnachten in den Konsumrausch zu verfallen und zu Ostern bunte Eier zu suchen. Nicht die Gesundheit steht beim muslimischen Fasten im Vordergrund, sondern der Glaube, andernfalls hieße er ja Wissen. Es geht darum, Grenzen zu überwinden, um Verzicht und Selbstkontrolle, die man sich einen Monat lang abverlangt.

Ich wage einmal eine grobe Schätzung: Von den etwa 250 000 Muslimen in Berlin fasten 60 bis 70 Prozent. Von denen wiederum sind um die 50 Prozent nicht sonderlich religiös, aber sie fasten dennoch. Für sie spielt die soziale Komponente eine große Rolle. Kinder, Alte, Kranke, Schwangere und hart Arbeitende sind übrigens ausgenommen. Dass einige das enger sehen und strengere Sitten einfordern, will ich nicht verschweigen. Der Glaube verlangt das allerdings nicht. Das eine ist die Religion, und die ist nicht so stur und menschenfeindlich unnachgiebig. Das andere ist die Tradition, und hier kann es sein, dass ohne Verstand gefastet wird.

Als ich zwölf Jahre alt war, wollte ich auch mitfasten. Mein Vater erlaubte es mir am Wochenende. Schon am ersten Tag habe ich heimlich einen Schokoriegel gegessen. Mein Vater bemerkte das und sagte: »Für mich musst du es nicht tun.« Ich dachte allerdings: Eigentlich tue ich es für niemanden, sondern nur für mich, damit ich für das Durchhalten am Abend gelobt werde. Heute versuchen wir, die Fastenzeit mit der ganzen Familie zu verbringen. Und am Ende feiern wir drei Tage lang Bayram, das Zuckerfest. Bayram ist mehr als ein Fest. Aber davon berichte ich, wenn die Fastenzeit in 30 Tagen vorbei ist.

Wenn also in Ihrer Wohngegend nach Mitternacht noch Umtriebigkeit in den Küchen herrscht oder ihre muslimischen Nachbarn einen mürrischen Eindruck machen, denken Sie daran, wie Ihre Laune leidet, wenn der Magen in den Kniekehlen hängt. Vielleicht fällt Ihnen dann zum ersten Mal auf, wie lebenslustig Muslime sonst sind. Besuchen Sie doch während der nächsten Wochen einmal Kreuzberg oder Neukölln. Kaufen Sie sich ein Ramazan Pide, ein Fladenbrot, das nur zur Fastenzeit gebacken wird. Und schauen Sie zu, wie in den Restaurants mit Iftar das Fasten gebrochen wird. Und vielleicht kommt irgendwann eine Zeit, in der meine deutschen Freunde mich nicht nur fragen, wie ich denn Weihnachten feiere, sondern in der ich sie frage: Wie feiert ihr eigentlich in diesem Jahr das Zuckerfest?

Jetzt wollen Sie bestimmt noch erfahren, wie ich es mit dem Fasten halte. Trotz zunehmenden Alters und abnehmenden Rechtfertigungsbedarfs soll das mein Geheimnis bleiben.

Oder wie mein Vater sagen würde: »Para ile imanın kimde olduğu bilinmez.« – Wer Geld oder Glauben besitzt, ist nicht immer sichtbar.

31. Juli 2011

Ahnungslos im Westen

Schreib doch was zu »50 Jahre Mauerbau«, sagte ein Freund. Was könnte ich schon über den Mauerbau erzählen? Ich bin noch nicht mal von hier, quasi angeschwemmt worden, damals mit den Schwaben und ihren Start-up-Companys. Berlin war für eine aus dem Ruhrpott so weit weg wie New York oder Rio, und damit meine ich nicht die geografische Distanz. Berlin war sogar für Duisburger Lehrer so weit weg, dass wir unseren Schulausflug lieber in die benachbarten Benelux-Länder machten.

So wenig wie ich vom Mauerbau mitbekommen habe, so wenig bekam ich auch von der Mauer selbst etwas mit. Ich hatte nicht mal Freunde in Duisburg, die ihren Verwandten im Osten Päckchen schickten. Meinen ersten Ostkontakt hatte ich nach dem Mauerfall, als ich einen Ostberliner in einer Duisburger Disco kennenlernte. Kurz darauf fuhren wir mit meinem Opel Corsa nach Ostberlin, weil man dort angeblich das Dreifache für Westautos bekam. Entsetzt, dass man mir gerade mal die Verschrottungsgebühr anbot, fuhr ich wieder zurück nach Duisburg. Mein zweiter Berlinbesuch war, als Christo den Reichstag verhüllte.

Heute frage ich mich, ob meine Unwissenheit daher rührte, dass wir Gastarbeiterkinder aus Westdeutschland die alte BRD so verinnerlicht hatten, dass die meisten nie über die Welt jenseits des Eisernen Vorhangs nachdachten. Oder ob ich als Türkin, die in Deutschland aufwuchs, so mit dem Alltag beschäftigt war und damit, die Gleichzeitigkeit von zwei Welten zu meistern, dass die Geschichte des Landes, in dem ich lebte, keine praktische Relevanz hatte.

Jahre später erfuhr ich an der Uni, was ich alles verpasst hatte: im Bummelzug den Speisewagen leer trinken, in Westberlin Punkerkneipen besuchen, in besetzten Häusern schlafen, beim Besuch in Ostberlin den Zwangsumtausch ausgeben oder sich mit den Werken von Bertolt Brecht, Anna Seghers oder Fjodor M. Dostojewski eindecken. Die Kommilitonen erzählten mir aber nichts von den Mauertoten, die bei Fluchtversuchen ums Leben kamen, oder den Reisenden, die bei Grenzkontrollen oder Verhören einen Herzinfarkt erlitten. Westberlin, diese eingemauerte Insel, das Paradies für westdeutsche Jünglinge, die sich vor dem Wehrdienst drückten, Berlin, die am Tropf des Bundeshaushalts hängende Halbstadt, war mir eine unbekannte Größe.

Meine Eltern waren froh, dass Berlin weit weg von uns war. Mit anderen türkischen Eltern tuschelten sie hinter vorgehaltener Hand über die »cilgin«, die verrückten Berliner Türken. Manche erzählten auch, dass es diese am schlimmsten getroffen habe bei der Einwanderung. Sie müssten alle an der Mauer wohnen, dunkel sei es dort, sogar die Sonne zeige sich in Berlin nie. Deshalb gingen sie in Bars und Kneipen, sogar auf den Straßen würden sie tanzen. Wir Kinder im Ruhrpott haben die Berliner Türken dagegen immer beneidet. Sie hatten einen eigenen Radiosender, es gab türkischsprachige Theater und sogar Kinos, die türkische Filme zeigten. Für unsere Eltern war Berlin ein Ort der Sünde, für uns dagegen die Vorstellung von Freiheit und Identität.

Der Bau der Mauer liegt 50 Jahre zurück. Meiner Tochter bringe ich die Geschichte ihres Landes bei, damit sie mindestens die nächsten 50 Jahre besser Einfluss nehmen kann. Sie ist ein Berliner Kind.

Oder wie mein Vater sagen würde: »Cahile laf anlatmak, deveye hendek atlatmaktan zordur.« – Einem Ahnungslosen etwas zu erklären ist schwieriger, als einem Kamel beizubringen, über einen Graben zu springen.

7. August 2011

Zuckerfest für jedermann

Wird Ihnen auch heimelig, wenn Sie an Weihnachten denken? Ganz egal, ob Sie ganzjährig gläubig sind, bloß Heiligabend in die Kirche gehen oder nur Kirchensteuer zahlen? Weihnachten bedeutet Erinnerung, es geht um Rituale und darum, mit der Familie zusammenzukommen und sich unwidersprochen von ihr vereinnahmen zu lassen.

Wenn ich es nun geschafft haben sollte, Sie emotional aufzuwärmen, können Sie vielleicht verstehen, was für eine Muslima das Wort Bayram bedeutet. Wenn ich das Wort nur höre, bekomme ich Glücksgefühle: BAYRAM. Das Wort klingt nach

Kindheit, nach Duisburg, nach Familie, nach der Stimme meines Vaters, wie er am Morgen die Koransuren singt.

Es löst ein Gefühl von Vertrautheit aus.

Morgen ist wieder Bayram, das muslimische Zuckerfest. In den nächsten Tagen werde ich in dem Haus leben, in dem ich aufgewachsen bin, mich von vielen Menschen umarmen und küssen lassen und stundenlang in Küchen sitzen, deren Gerüche ich nur allzu gut kenne. Ich werde mich die nächsten Tage großartig fühlen, auch wenn ich schräg auf dem Sofa liege und meinen vollen Bauch von mir strecken muss. Während wir uns gequält bedienen, wird meine Mutter mit immer neuen Schüsseln aus der Küche kommen und sagen: »Süß lass uns essen, süß lass uns reden.« Ich werde nicht wieder wegwollen und mit allem einverstanden sein, ohne zu wissen, worauf dieses Einverständnis eigentlich beruht.

Auch meine türkischen Freunde, die nicht gefastet haben, werden Bayram feiern. Mehr oder weniger heftig, je nachdem, wie weit der eigene Verwandten- und Bekanntenkreis reicht. In Berlin laufen Gruppen und Grüppchen mit in Alufolie eingepackten Tabletts und Schüsseln in der Hand durch die Straßen. An Bayram holen wir die Verwandtschaft ins Haus, und wenn sie nicht vor Ort ist, dann holen wir sie mit Telefonen oder via Skype in unsere Nähe. Sämtliche Telefonnetze in die Türkei werden wie jedes Jahr zusammenbrechen, und man wird kurz nach Mitternacht glücklich einschlafen, weil doch noch eine Verbindung zustande gekommen ist.

Ich habe einen Freund, der katholisch ist. Er lebte jahrelang mit einer Türkin zusammen. Während der Fastenzeit ist er ihr zuliebe nachts aufgestanden und hat seiner Freundin etwas zu essen gemacht. Ansonsten hielt er sich aus dem religiösen Teil heraus. Er hat in ihrer Gegenwart weder gegessen noch getrunken noch geraucht. An den drei Feiertagen des Zuckerfestes musste er allerdings die Wohnung räumen, damit seine Freundin mit den Verwandten das Zuckerfest feiern konnte. Er sagt, die große Gemeinsamkeit zwischen Deutschen und Türken bestehe darin, dass sie scheinheilig seien. Er als heimlicher Freund konnte unmöglich dabei sein, und so hielt er sich fern von der Verwandtschaft.

Was wäre eigentlich so verkehrt daran, den Muslimen in Deutschland einen offiziellen Feiertag zuzusprechen? Christen und Muslime hätten gemeinsam frei, um Bayram zu feiern. Das absatzorientierte Halloween hat sich bei uns doch auch ohne Gegenwehr durchgesetzt. Ich fordere hiermit Bayram für alle. Es sollte ein religionsübergreifendes Fest sein. Schließlich feiere ich auch Weihnachten, ohne Christin zu sein. Ich kaufe einen Tannenbaum, schmücke ihn gemeinsam mit meiner Tochter, packe Geschenke ein und brate eine große Gans. Wir leben alle in einem Land, unterstehen alle denselben Gesetzen, haben alle die gleichen Wünsche. Und diejenigen von uns, die glauben, beten alle zum selben Gott. Bayram als Feiertag wäre ein Zeichen, dass die Konkurrenz der Religionen letztendlich ohne Sinn ist.

Oder wie mein Vater sagen würde: »Namaza meyli olmayanın kulağı ezanda olmaz.« – Wem der Sinn nicht zum Beten steht, der hört auch nicht den Muezzinruf.

28. August 2011

Muslima des 11. September

In dieser Woche werde ich öfter die Frage gestellt bekommen, wie sich mein Leben als Muslima seit dem 11. September 2001 verändert hat. Und ich werde antworten, dass ich für viele überhaupt erst seit dem 11. September 2001 Muslima bin. Davor war ich die Türkin, davor die Ausländerin und wieder davor die Arbeitertochter. Im Freundeskreis werden wir uns von diesem Tag erzählen. Jeder weiß genau, wo er an diesem Tag war, wie er von den Anschlägen erfuhr und wie sich dieses Ereignis in die Erinnerung gebrannt hat.

Im Rückblick ist 2001 ein Jahr, über das sich eigentlich nicht viel sagen lässt. »Harry Potter« war der Bestseller auf dem Buchmarkt, Bayern München gewann die Champions League, wurde deutscher Meister, Schalke holte den DFB-Pokal. Die CDU erholte sich langsam von den Spendenaffären, die grüne Gesundheitsministerin Andrea Fischer musste wegen der BSE-Krise gehen. Rudolf Scharping ließ sich mit Lebensgefährtin im Swimmingpool ablichten und geriet unter Druck, weil man das als ungehörig empfand, während die Bundeswehr im ehemaligen Jugoslawien im Einsatz war. In Berlin fegte ein Misstrauensvotum Eberhard Diepgen aus dem Amt, und Klaus Wowereit ist seither unser Regierender. Im Kino lief »Ocean's Eleven«, und die Hitparade wurde von Alicia Keys, Destiny's Child, Jennifer Lopez und Christina Aguilera dominiert.

Dass es ein normales Jahr geworden wäre, lässt sich auch an meinen Jobs erkennen. Ich hatte ein Interview mit Jenny Elvers, verbunden mit einer Reportage über ein Konzert von Michael Jackson im Madison Square Garden in New York. Anschließend kam ich nach Berlin zurück. Das war am Montag, dem 10. September 2001.

Am nächsten Tag veränderte sich die Welt. 2001 wurde zu dem Jahr, dessen Auswirkungen bis heute unseren Alltag bestimmen. Ohne dass sich das jemand gewünscht hätte, ging die Weltöffentlichkeit inklusive der muslimischen Welt den Attentätern auf den Leim. Wir ließen einen Zusammenhang zwischen dem Islam und Terrorismus zu. Seit dem 11. September 2001 werden Mitbürger islamischen Glaubens mit diesem Tag in Verbindung gebracht. Der Islam wird dämonisiert. Sosehr es mich freut, dass viele in Deutschland nun den Unterschied zwischen Sunniten und Schiiten kennen, so sehr störe ich mich daran, dass ich seit dem 11. September mit einem Rucksack herumlaufen muss, in den jeder seine Probleme mit islamischen Mitbürgern reinstecken darf.

Drei Dinge habe ich aus dem 11. September gelernt: Wenn unser Gemeinwesen von außen durch Verbrecher bedroht wird, müssen wir für unsere demokratischen Werte gemeinsam einstehen. Gegen Gewalt terroristischer Gruppen helfen keine noch so gut gemeinten Sicherheitsgesetze, die untergraben, was sie zu schützen suchen, nämlich unsere Freiheit. Und Terrorismus kann man nicht wegbomben. Dazu gehört, dass die Welt aufmerksam registriert, wie wir uns in der Welt verhalten. Das gilt für unsere Geschäfte im Export genauso wie für unsere Sozialpolitik im Kiez vor Ort.

Beim oft vorgetragenen Argument, Terrorismus komme ausschließlich aus islamischen Ländern, möchte ich an die die deutsche Terrorgruppe RAF erinnern und daran, dass bis zum Jahr 2000 in Nordirland Katholiken und Protestanten sich gegenseitig bei Bombenattentaten umbrachten.

Oder wie mein Vater sagen würde: »Zengin urba giyse, güle güle giy derler, fakir palas giyse, bunu kimden aldın derler.« – Trägt ein Reicher ein neues Gewand, sagt man, es ist schön, beim Armen fragt man: Wo hast du es her?

5. September 2011

Alle sollen kommen

Ich hatte einen waschechten Berlintouristen zu Gast. Nicht wie früher, als ich noch in Mitte wohnte und jede noch so spontane Begegnung in einem Bordbistro der Bahn dazu führte, dass ich irgendwann eine E-Mail erhielt, ob ich ein Plätzchen zum Schlafen zur Verfügung stellen könne. Natürlich nur, wenn es keine Umstände mache. Damals habe ich als Neuberlinerin diesen Dienst gerne geleistet. Hätte ich Geld dafür genommen, wäre das Thema Altersvorsorge für mich heute erledigt. Da aber der gemeine Berlintourist schon vorher weiß, was er sehen muss, um seinen Eindruck von der Bundeshauptstadt zu verfestigen, verliert man sehr schnell die Lust an dieser Art von bürgerschaftlichem Engagement.

Obwohl wir Türken ja zu den gastfreundlichsten Menschen der Welt gehören sollen. In jedem Reiseführer steht sogar, dass man unsere Gastfreundschaft auf keinen Fall verschmähen darf.

Berlin hat sich als Touristenmetropole auf Platz 3 der europäischen Hauptstädte hochgearbeitet. Nur London mit 40 Millionen und Paris mit 32 Millionen Übernachtungen liegen noch vor Berlin. Wir haben in Wirklichkeit die Übernachtungsstatistiken der anderen Metropolen schon längst übertroffen, weil wir schlichtweg nicht Nein sagen können. Mein Umzug von Mitte nach Charlottenburg hat meine Sozialkontakte außerhalb Berlins rapide gesenkt. Weil Charlottenburg eben nicht zentral genug liegt, um alle touristischen Bedürfnisse in kürzester Zeit zu erfüllen.

Genau genommen sind wir der permanent tagende Integrationsgipfel der 16 Bundesländer, die mit ihren unterschiedlichen Sozialstrukturen, Lebensverhältnissen und regionalen Eigenarten hier aufschlagen, um die berühmte Berliner Luft zu schnuppern. Das sorgt für Begegnung und Dialog. Bevor wir also über die Integration der Migranten reden, sollten wir doch mal über die Seltsamkeiten der 16 Bundesländer und ihrer Bewohner diskutieren.

Ich sage es Ihnen ganz direkt ins Gesicht: Da liegt ein Plan dahinter. Ein kluger obendrein. Unsere Stadt ist pleite, nicht in der Lage, aus eigener Kraft die Schulden zu begleichen und Investitionen für die Zukunft zu finanzieren. Das belegt schon jetzt der Wahlkampf: SPD – Berlin verstehen. Grüne – Berlin, da müssen wir ran. CDU – damit sich was ändert. FDP – die neue Wahlfreiheit. Berlin holt jeden in die Stadt, und alle sind begeistert. So viel Metropole gab es noch nirgendwo in Deutschland. Und keiner wird sich beschweren, dass Berlin weiter am Tropf des Länderfinanzausgleiches hängt. Denn Berlin ist klasse. Berlin ist sexy. Berlin ist total hip. Der Plan ist: »Holt sie alle her und infiziert sie.« Jeder, der kommt, wird sich überlegen, ob er nicht lieber in Berlin leben will.

Diese Woche startete die ARD mit ihrer neuen Programmstruktur der Talkshows. Das Ergebnis: Wir haben sie fast alle im

Sack für unseren Plan. Anne Will und Günter Jauch sind schon hier. Sandra Maischberger und Frank Plasberg produzieren zur Hälfte bei uns. Nur Reinhold Beckmann hält noch an Hamburg fest. Vielleicht sollte ich ihm eine Übernachtungsmöglichkeit bei mir anbieten.

Wir sind die Stadt, die als Projektionsfläche alle Sehnsüchte bedient und deshalb niemals im Stich gelassen wird. Und der, der sich das alles ausgedacht hat, wird am Sonntag in einer Woche höchstwahrscheinlich wiedergewählt werden.

Oder wie mein Vater sagen würde: »Ya olduğun gibi görün, yada göründüğün gibi ol.« – Gib dich so, wie du bist, oder sei so, wie du dich gibst.

11. September 2011

Diktatur der Frauen

Die Wahl am vergangenen Sonntag hat die Mehrheit im Abgeordnetenhaus nicht bestätigt. Deren Mehrheit war im Übrigen auch keine Mehrheit mehr, sondern rechnerisch nur noch ein Patt, also ein Gleichstand zur Minderheit. Diese war aber nicht nur eine Minderheit, sondern setzte sich aus mehreren Minderheiten zusammen. Aber jetzt gibt es wieder eine neue Mehrheit, allerdings mit nur einer Stimme Unterschied. Aber Mehrheit ist ja bekanntlich Mehrheit, solange sie zustande kommt.

Am Wochenende war ich in meiner Heimatstadt Duisburg.

Die Stadt liegt im Bundesland Nordrhein-Westfalen, das seit einem Jahr von einer Minderheit regiert wird. In Duisburg selbst werden Unterschriften gesammelt, damit gegen den Oberbürgermeister, für dessen Abwahl es keine Mehrheit gab, aus der Minderheit heraus ein Abwahlverfahren eröffnet werden kann. Das geht aber nur, wenn 25 Prozent der Wahlberechtigten ihre Stimme abgeben, damit die Minderheit zur Mehrheit wird. Was aber so auch nicht ganz stimmt, weil zu den Wahlen oft nur die Hälfte derer geht, die eigentlich gehen könnte. So hilft die Nichtstimme, dass extreme Minderheiten so tun können, als ob sie mehr wären, als sie tatsächlich sind.

Die Minderheit bekommt Mehrheiten, weil Teile der anderen Minderheit mitstimmen, dass Minderheit Mehrheit wird. Oder aber sie enthalten sich, sodass die andere Minderheit keine Mehrheit bekommt.

Weil Politik schon schwierig genug ist, habe ich mich mit meinem Vater über Demokratie unterhalten. Lange hat diese Unterhaltung allerdings nicht gedauert. Er sagte: »Ach, Tochter, seit ich deine Mutter geheiratet habe, gibt es in meinem Leben keine Demokratie mehr. Mit vier Töchtern, sieben Enkeltöchtern und einer anatolischen Ehefrau ist für mich jeden Tag Weltfrauentag.« Dann seufzte er sehr lang und tief in sich hinein.

Sein Patriarchenleben hat sich mein Vater auch ganz anders vorgestellt, als er damals aus Anatolien in das Land auswanderte, in dem zur selben Zeit Frauen auf die Straße gingen, um ihre Büstenhalter zu verbrennen. Die weiblich dominierten Verhältnisse in meiner Familie bieten meinem Vater keine allzu großen Entfaltungsmöglichkeiten in der Patriarchenrolle.

Wenn zum Beispiel der Kauf einer neuen Sofalandschaft ansteht, beruft meine Mutter einen Familienrat ein, damit wir gemeinsam entscheiden, welche Farbe und Form sie haben soll. Die demokratische Abstimmung gilt aber nur so lange, bis sie sagt: »Im Leben werde ich nicht zulassen, dass wir ein lilafarbenes Sofa kaufen. Nur über meine Leiche.« Somit sind die Mehrheitsverhältnisse durch eine finale Rücktrittsdrohung geklärt, das Mehrheitswahlrecht aus Kindern und Enkelkindern zählt nicht, das Veto meines Vaters reicht nicht, meine Mutter überstimmt uns alle mit Doppelveto. Die Grundidee der Volksherrschaft, durch Mehrheitsbeschlüsse zu regieren, wird regelmäßig außer Kraft gesetzt. Gewaltenteilung ist überflüssig, faule Kompromisse finden nicht statt, Sondierungen und Koalitionsgespräche sind die reinste Zeitverschwendung. Ob Klaus Wowereit gerne mal mit meiner Mutter tauschen würde?

Wenn ich empört auf die diktatorischen Verhältnisse bei den Akyüns hinweise, ziehen sich Zornesfalten auf der Stirn meiner Mutter zusammen, sie bäumt sich auf und klagt mit bebender Stimme: »Ich habe dich neun Monate in meinem Bauch getragen, du warst von meinen sechs Kindern das schwierigste, alles habe ich geopfert, damit du studieren kannst. Habe ich als Mutter alles falsch gemacht?« Das ist natürlich nur eine rein rhetorische Frage.

Dass Mehrheit aber nicht gleich Wahrheit bedeutet, ist genauso sicher wie der geblümte Bezug unserer neuen Sofalandschaft, die gegen den Willen der überstimmten Familienmitglieder mit der einzigen Stimme meiner Mutter gekauft wird.

Oder wie mein Vater sagen würde: »Cennet annelerin ayakları altındadır.« – Das Paradies ist unter den Füßen der Mütter.

25. September 2011

Die Mokkatasse

Meine Freunde schätzen an mir, dass ich pragmatisch bin, vernunftorientiert handle und meistens logisch denke. Diese Eigenschaften scheinen sich mit meinem Grenzübertritt in die Türkei in Luft aufzulösen. Es dauert keine 24 Stunden, bis sich mein Verstand vollkommen abmeldet.

Tante Fatma sei die beste Wahrsagerin jenseits des Bosporus, sagte meine Schwester. Sie werde mir heute Nachmittag mein Schicksal voraussagen. Der Aberglaube beherrscht ab nun meinen Alltag. Ich reagiere total irrational, wenn es um mein ganz persönliches Kismet geht. Mal beschützt es mich, ein anderes Mal beschert es mir einen reichen Ehemann oder unvorstellbare berufliche Erfolge. Und nach Tante Fatma wird mir diesmal alles bis Ende des Jahres widerfahren.

Wie beneide ich meine deutschen Freunde um ihren minimalen Aberglauben, der so wunderbar sortiert ist. Vierblättrige Kleeblätter, Schornsteinfeger und Schweine bringen Glück, schwarze Katzen Pech, ansonsten erschöpft sich die kleine Aberglaubelei im deutschen Alltag im Daumendrücken. Am Freitag, dem 13., werden hierzulande sogar Ehen geschlossen. Der Fügung die Stirn bieten, nennt das Herbert Grönemeyer.

Ich erkenne mich ja selbst nicht wieder, wenn ich aus der Türkei nach Berlin zurückkehre und schlaflose Nächte verbringe, weil mir Prognosen aus meiner Mokkatasse gelesen wurden. Ich frage mich, was das eigentlich über meine Identität aussagt. Ich denke und handle deutsch, aber sobald ich eine leer getrunkene Mokkatasse sehe, kann ich sie nicht schnell genug umdrehen und verfalle hoffnungslos ins Türkische.

Wenn mir eine rumänische Frau auf der Wilmersdorfer Straße aus der Hand lesen möchte, nehme ich auch dieses Angebot gerne an. Und mit dem täglichen Horoskop beginnt mein Tag. Wobei das schon wieder gelebter Pragmatismus ist, denn richtig schaden kann es nicht. So ganz ohne Hokuspokus lebt der Deutsche glücklicherweise auch nicht. Meine alte Nachbarin erzählte mir, dass sie im Krieg in den Bombennächten oft im Keller zusammensaßen, sich an den Händen berührten und im okkultistischen Stuhlkreis nach den Männern an der Front fragten. Und bei jedem neuen Mann in ihrem Leben lässt sich meine Freundin die Karten legen.

Das Christentum lehnt den Blick in die Zukunft genau wie der Islam strikt ab. Deshalb muss wohl auch der Fernsehpfarrer mit seiner spirituell in Flaschen abgefüllten Essenz bald die Fliege machen. Spätestens hier hakt dann auch wieder mein Verstand ein. Ein wenig im Nebel des Ungewissen zu stochern mag ja in Ordnung sein, aber mit den Wünschen der Menschen Geld abzuschöpfen hilft nicht den Suchenden, sondern denen, die genug Verzweifelte gefunden haben.

Die Wahrheit liegt bei mir darin, dass mit dem Aberglauben meine kleinen und großen Probleme mit Hoffnung weichgezeichnet werden. Und wenn es ein paarmal im Jahr die Mokkatassenleserei nicht gäbe, hätte ich wohl längst einen Therapeuten. Vorhersagen werden nur selten wahr, aber sie entfalten eine Wirkung. Sie können so interpretiert werden, dass sie der Realität etwas Bodenhaftung und dem Schicksal eine Chance geben.

Oder wie mein Vater sagen würde: »Fala inanma falsız kalma.« – Glaube nicht an Vorhersagen, aber verzichte auch nicht auf sie.

9. Oktober 2011

Mein Glaube ist erschüttert

Mein erster deutscher Freund gab mir einen niedlichen Kosenamen: Er nannte mich »meine kleine Döner-Tasche«. Wenn wir früher in der großen Pause über den Schulhof rannten, riefen mir deutsche Klassenkameraden »Kümmeltürke« und »Knoblauchfresser« hinterher. Die italienische Nachbarstochter nannten sie »Spaghettifresser«. Später, an der Uni, saß ich einmal mit Kommilitonen in der Cafeteria, und einer sagte: »Diese Türkentussis sind echt scharf.«

Seit einigen Tagen denke ich über diese Wörter nach. Normalerweise neige ich nicht zu Pathos. Lieber schreibe ich lustige Kolumnen über Klischees. Doch mir ist der Humor vergangen.

In diesen Tagen scheinen genau diese Klischees auf eine feindliche Weise übermächtig zu werden. Ich würde Ihnen gerne für einen Tag meine Augen leihen, um mit ihnen durch Berlin zu laufen. Was würden Sie sehen? Einen Blumenladen, eine Änderungsschneiderei, einen Lebensmittelladen, einen Döner-Imbiss, ein Internet-Café. Sie würden sie als potenzielle Tatorte erkennen, in denen man ermordet werden kann, einfach so.

Natürlich finden wir die Ereignisse alle unfassbar schrecklich. Dennoch frage ich mich, ob wir nicht alle ein Glied in dieser Kette sind, in der es mit negativen Zuschreibungen beginnt, über Stigmatisierung in Ausgrenzung mündet und im Mord von zehn Menschen endet. Wie weit ist der Weg von der Döner-68Tasche bis zum Döner-Mord? Der Begriff ist so geschickt gewählt, dass er wie eine interne Angelegenheit unter Türken wirkt. Man wird ja auch nicht müde, über Religion und Ethnie die Linie zwischen denen und uns zu ziehen.

Das hat seinen Reiz, denn man kann sich distanzieren, die Dinge auf Abstand halten und behält so die Deutungshoheit über die Geschehnisse, ohne sich zu sehr auf sie einlassen zu müssen.

Diese Masche ging diesmal allerdings komplett schief. Es gelingt mir nicht, einfach an unsere Vernunft zu appellieren, dafür ist mein Glaube an den Staat zu sehr erschüttert worden. Wann begreift unsere Gesellschaft, dass Menschen, die hier leben und sich hier eine Zukunft aufbauen wollen, Teil unseres Landes sind? Mit Rechten und Pflichten. Die Blutspur, die über zehn Jahre durch Deutschland gezogen wurde, ist weder konsequent verfolgt noch in den richtigen Zusammenhang gestellt worden. Ein Revolutionär hat einmal gesagt, dass man den Feind dort bekämpfen muss, wo er steht, und nicht dort, wo man ihn gerne hätte. Da schützen Organisationen die Verfassung, indem sie jene finanzieren, die sie mit Füßen treten. Da wird bei Mord an Wehrlosen das Motiv Rassismus ignoriert, und die Behörden agieren zwischen Ignoranz und Strafvereitelung im Amt. Und nun? Ein neues NPD-Verbotsverfahren und ein Zentralregister für Neonazis? Haben wir nicht eher zu viele Sicherheitsgesetze als zu wenige, und hat das einem der Opfer etwas genutzt? Und wenn die NPD endlich verboten ist, lehnen wir uns dann alle zufrieden und sicher zurück?

Rassismus beginnt in unseren Köpfen, in unserem Verhalten, in unseren gepflegten Vorurteilen und in der Haltung, die wir an den Tag legen. In Sachsen werden Demonstranten gegen Nazis stärker beobachtet als Nazis. In Berlin werden brennende Autos als neue Welle des Linksterrorismus hochstilisiert. Wer Bundesmittel für die Aufklärung über die Gefahren des Neofaschismus beantragt, muss einen Gesinnungstest über sich ergehen lassen, während V-Leute sechsstellige Beträge für ihre unbrauchbaren Infos kassieren.

Und da ist noch eine Frage: Wie viele Morde liegen falsch etikettiert in den Ablagen der Behörden?

Oder wie mein Vater sagen würde: »Bir doğru saat, yetmiş sene namazdan değerli.« – Eine Stunde Gerechtigkeit ist mehr wert als siebzig Jahre Gebet.

20. November 2011

Baut euch euer Haus

Mein erstes Silvester in Berlin war das Millennium. Ich stand mit Kollegen in Mitte auf dem Balkon unseres neuen Büros, wir schauten auf die Kuppel des Reichstages und stießen mit Sekt an, den wir damals noch mit der D-Mark bezahlt hatten. Ich lebte das Leben eines Großstadt-Singles. Meine Tage waren gut strukturiert: arbeiten, feiern, schlafen, arbeiten, feiern, Schuhe kaufen. Ein Freund prophezeite mir, dass ich als alte Frau in meinen Schuhen wohnen müsse, weil er niemanden kenne, der seine gesamte Altersvorsorge in Schuhe investiere. Ich lachte ihn aus.

Heute bleibt mir das Lachen im Hals stecken, wenn ich Post von meinem Vermieter bekomme.

Ich habe Freunde, die erhalten Mieterhöhungen wie andere Leute ihren jährlichen Steuerbescheid. Pünktlich wird gesetzlich zulässig die Staffelmiete angehoben, ohne dass auch nur eine Schraube am Haus nachgezogen worden wäre.

Von meiner ofenbeheizten Studentenbude in Duisburg bis zur ersten Yuppie-Wohnung in Berlin-Mitte war es auch schon ein ordentlicher Sprung im Mietzins. Das lief aber entlang meiner Einkommenszuwächse. Aus Mitte bin ich weggezogen, als meine Wohnung in Euro das Doppelte von dem kostete, was ich früher einmal in D-Mark zu zahlen hatte. Diesem Mieteinnahmenwirtschaftswunder konnte ich nichts mehr entgegensetzen.

Dass diesen Mietsteigerungen niemand Einhalt gebietet, kann natürlich auch eine Variante sein, Ruhe in die Stadt zu kriegen. Wenn erst alle, die noch nicht viel haben, am Rande der Stadt wohnen, ist es innen drin schön ruhig. Wie langweilig wird es dann, wenn nur noch die, die nichts mehr brauchen, in ihrer gepflegten Langeweile den Rhythmus der Stadt bestimmen? Degenerieren statt integrieren im Zeitlupenmuseum der Saturiertheit.

Als ich mich neulich hinreichend genug echauffierte und einem Freund sagte, der Politik fällt dazu offensichtlich nur notariell beglaubigtes Achselzucken ein, nahm er das grinsend auf und meinte: »Im Bundestag sitzen eben mehr Hausbesitzer und Vermieter als Mieter.«

Frei nach Hölderlin: Wo die Not am größten, wächst das Rettende auch. In Kreuzberg wehrten sich in den Siebzigerjahren doch auch die Alteingesessenen, die langhaarigen Studenten und die Türken gemeinsam gegen die Spekulanten.

Also müssen wir uns wieder organisieren. Große Quartiere in kleinteilige Wohnungen zu zerlegen maximiert die Rendite pro Quadratmeter. Das könnte man in Form einer Genossenschaft machen, weil es steuerliche Vorteile bringt, für erträgliche Mieten sorgt und man gemeinsam bestimmt, wie man mit den Mieteinnahmen verfährt. Die einzige Rendite, die man erwirtschaften muss, ist die zur Instandhaltung des Hauses. Mit der Miete zahlt man das Haus ab. Man bringt Kapitalanteile als Sicherheit in die Genossenschaft ein, das minimiert die Zinsen und die Abhängigkeit von externem Kapital. Das Haus ist der Geschäftszweck, der aber keinen Gewinn abwerfen muss.

Man bestimmt zusammen, was geregelt werden muss, und richtet sich seine Wohnung je nach Finanzlage und eigenem Geschmack ein. Sozialistischer Unfug? Weit gefehlt. Nach beiden Weltkriegen haben sich Menschen ohne Kapital in Genossenschaften bezahlbaren Wohnraum geschaffen. Warum nicht etwas wiederbeleben, das in schlechteren Zeiten bewiesen hat, dass Gewinnmaximierung kein Naturgesetz ist und gemeinsam auch die Schwachen mächtig sind?

Oder wie mein Vater sagen würde. »Arı bal alacak çiçeği bilir.« – Die Biene kennt die Blume, aus der sie Honig holen kann.

11. Dezember 2011

Ich gebe keinen her

Was haben wir nicht alles doppelt. Glühbirnen auf Reserve, Jeans, wenn sie mal ordentlich passen, und digitale Fotos, die wir mehrfach abspeichern. Wir achten darauf, dass alles, was uns fehlen könnte, doppelt vorhanden ist. Andererseits tun wir alles, unsere Doppelmoral zu verbergen. Ich bin keinen Deut besser, denn ich bin so deutsch, dass sich meine türkischen Verwandten Sorgen machen, aber gleichzeitig so türkisch, dass ich für alles Türkische herhalten muss.

Wir sind das internationalste Volk der Welt. Römer, Kelten, Cherusker und Vandalen habe ihre genetischen Fingerabdrücke hinterlassen, als Europa nur aus Horden bestand.

Später kamen die Ungarn, die Franzosen, die Italiener, die Balkanesen, die Schweden, die Norweger und die Spanier dazu. Der Große Kurfürst hat die Hugenotten geholt. Das Popeldorf Berlin wuchs über Zuwanderung. Weil sich keiner daran gestört hat, ist meine Stadt heute eine Metropole. Als die Preußen zuerst die Dänen, dann die Österreicher und am Schluss die Franzosen besiegten, waren wir schwuppdiwupp ein multikulturelles Reich. Es ist den Deutschen einfach nicht abzugewöhnen, sich aus einem Guss zu fühlen, obwohl sie doch der Urtyp der Promenadenmischung sind.

Das Spannende am Doppelpass ist, dass er zwei spiegelbildlich verkehrte Reaktionen hervorruft. Diejenigen, die ihn ablehnen, sehen die Identität verwässert und erwarten eine eindeutige Festlegung. Und diejenigen, die ihn befürworten, sehen darin eine Möglichkeit, sich zu bekennen, ohne ihre Identität verwässern zu müssen. Nein, ich will nicht ein »Dazwischen« fördern. Doch wer in zwei Welten lebt, sollte dort auch verweilen dürfen. Andernfalls bleibt man immer ein Fremdkörper in der Gesellschaft.

»Der Pass ist der edelste Teil von einem Menschen. Er kommt auch nicht auf so eine einfache Weise zustande wie ein Mensch. Ein Mensch kann überall zustande kommen, auf die leichtsinnigste Art und ohne gescheiten Grund, aber ein Pass niemals. Dafür wird er auch anerkannt, wenn er gut ist, während ein Mensch noch so gut sein kann und doch nicht anerkannt wird«, schrieb Bertolt Brecht in den »Flüchtlingsgesprächen«.

Ich würde meinen türkischen Pass nie hergeben. Weil mit ihm meine Kindheitserinnerungen verbunden sind, weil er für die Geschichte meiner Familie steht. Das Gleiche gilt auch andersherum. Ich würde niemals auf meinen deutschen Pass verzichten, weil er meine Gegenwart darstellt, weil er meine Zukunft zum Ausdruck bringt. Meine Tochter wird sich nach jetzigem Recht in 20 Jahren entscheiden müssen. Für jene, die den Pass politisch sehen, soll er ein Bekenntnis sein. Aber für uns bedeutet er einfach nur, seine Erinnerungen in eine Schublade legen zu können.

Eigentlich wollte ich ein leises Plädoyer für die doppelte Staatsbürgerschaft halten. Beim Schreiben wurde mir jedoch klar, dass das den Rahmen einer Kolumne sprengen würde. Meinem Deutschland würde es sehr gut zu Gesicht stehen, als Großmacht des Friedens den Käfig der Staatsbürgerschaft offenstehen zu lassen. Ein angstfreies Deutschland hätte eine ungeheure emotionale Anziehungskraft. Dass man deutsch und türkisch gleichzeitig sein könnte, wäre kein Bruch der Nationalität, es wäre ein Bekenntnis zu unseren Gemeinsamkeiten.

Oder wie mein Vater sagen würde: »Sorma kişinin aslını, sohbetinden belli eder.« – Frage niemanden nach seiner Herkunft, er wird sie in seinen Erzählungen offenbaren.

15. Dezember 2011

Gute Vorsätze

Heute Morgen begegneten mir auf meiner Joggingstrecke ungefähr fünfmal so viele Läufer wie sonst. Sie alle folgten dem Vorsatz, mehr Sport im neuen Jahr zu treiben. Den fünf Kilo zu viel auf meinen Hüften habe ich übrigens auch den finalen Kampf angesagt. Wie schon im letzten, im vorletzten und im vorvorletzten Jahr.

Ich habe mir vorgenommen, meine Freunde regelmäßiger zu sehen, mehr Zeit mit meiner Familie zu verbringen, öfter ins Kino zu gehen und meine digitalen Fotos endlich auf einer zweiten Festplatte zu sichern. All diese Vorsätze könnte ich auch am 3. April oder 16. Juni fassen. Aber warum fühle ich mich wie viele andere auch gerade zu Jahresbeginn stärker, motivierter und im festen Glauben, dass ich es diesmal schaffen werde?

Vorsätze, das klingt irgendwie nach Heimwerker, der etwas aufschraubt. Es klingt nach Küchenmaschine, die Lebensmittel grob, fein oder sehr fein zerkleinert. Und nach Gerichtssaal, in dem der Angeklagte eine Tat mit Vorsatz begangen hat. Aber heute meine ich nicht diese Vorsätze, ich meine die guten Vorsätze, die man gefasst hat, um etwas Altes neu oder zumindest anders zu machen.

Dabei hilft die Selbsterkenntnis, dass man als Mensch doch eher zum Scheitern neigt. Die Angst vor dem Gewinnen ist bei den meisten stärker ausgeprägt als die Angst vor dem Verlieren. Das erklärt wohl auch unser Beharrungsvermögen gegenüber Veränderungen. Unsere Selbsterkenntnis sagt uns zwar auch, dass wir an uns wachsen können und oft sogar müssen, aber das sind dann keine Vorsätze mehr, das ist die Einsicht, dass sich das Unvermeidliche verändern muss.

Während ich also darüber sinniere, warum so viele, die das Rauchen aufgeben wollen, scheitern, der fest eingeplante Theaterbesuch doch wieder ausfällt und die gesunde Ernährung spätestens beim nächsten Familienbesuch Börek und Braten weicht, wird mir klar, warum unsere guten Vorsätze so oft misslingen: weil sie nichts Essenzielles betreffen. Ich meine nicht, man solle Dinge zwanghaft durchziehen, weil man es sich fest vorgenommen hat, getreu dem Motto, solange es wehtut, ist es für etwas gut. Wahrscheinlich liefen viele Dinge sogar besser, wenn man seinen eigenen Schweinehund überwinden könnte.

Aber wenn wir alle perfekt wären, wer würde es mit uns aushalten? Und was ist mit den guten Vorsätzen, die wir nicht selbst brechen? Jene, bei denen andere uns daran hindern, sie umzusetzen. Gute Vorsätze reichen nicht, wenn man sich vornimmt, satt zu werden, während andere mit Spekulation die Nahrungsmittelpreise in die Höhe treiben. Es reicht nicht, sich vorzunehmen, frei zu sein, solange andere beherrschen statt zu regieren.

Und die guten Vorsätze, das Weltklima zu retten, verpuffen wortwörtlich, solange man mit der Zerstörung der Umwelt mehr Profit machen kann als mit deren Schutz. Ich plädiere deshalb für mehr Milde gegenüber den eigenen Unzulänglichkeiten, solange sie andere nicht ernsthaft beeinträchtigen. Und da, wo es andere betrifft, fordere ich jene guten Vorsätze ein, die Bestand haben. Vorsätze sollten so zielgerichtet sein, dass sie auch Wirkung entfalten. Nicht nur die eigene Befindlichkeit betreffend, sondern auch dort, wo man mit kleinen Dingen etwas bewirken kann.

Oder wie mein Vater sagen würde: »Cehennemin yolu iyi niyet taşlarıyla döşelidir.« – Der Weg zur Hölle ist mit guten Vorsätzen gepflastert.

2. Januar 2012

In aller Freundschaft

Liebe geht, Freunde bleiben«, sagte neulich ein Freund, der sich immer wieder in Beziehungen ausprobiert. Dieser lakonische Kommentar hat mich dazu bewegt, den Begriff Freundschaft auf den Prüfstand zu stellen. Bei genauer Betrachtung deckt Freundschaft ein weites Feld ab. Wenn ich meine Sozialkontakte nehme und mein Bedürfnis nach Harmonie noch obendrauf gebe, bin ich umzingelt von Freunden. Ich habe eine Busenfreundin, mit der ich über Männer rede, Freunde, mit denen ich neue Restaurants der Stadt ausprobiere, und Walker, die mich auf Partys begleiten. Jeder hat sein Plätzchen, und jeder ist willkommen, der meine Gesellschaft, meine Art und meine Direktheit aushält. Wir haben einen guten Umgang miteinander, angenehme Gespräche, positive Erlebnisse und vergleichbare Interessen, aus denen sich die Schnittmenge unserer Freundschaft speist. Zugegeben, diese Zeitgenossen kennen nur meine Schokoladenseite, so wie ich nur die ihre kenne. Mal ernsthaft gestritten, sich überworfen, mit Verve Emotionalität in die Waagschale geworfen, Grenzen des Miteinanders ausgetestet? Eher nicht. So geht man freundschaftlich und interessengelenkt harmonisch miteinander um, aber von echter Freundschaft zu sprechen, fällt mir schwer.

Es gibt noch eine Art von beruflicher Zugewinngemeinschaft, die unter den Begriff Freundschaft fällt. Man verfolgt ein gemeinsames Ziel, an dem man eng und vertraut miteinander arbeitet. Man leidet unter demselben Gegner, man teilt das Leiden an einer gemeinsam empfundenen Ungerechtigkeit und versucht, sie zusammen abzuwenden. Man ist daran interessiert, zum gegenseitigen Nutzen weiterzukommen, dem anderen mit den eigenen Stärken zu helfen oder von den Fähigkeiten des anderen zu profitieren, damit man zu zweit ein Ziel besser erreicht. Seilschaften heißt diese Kategorie. Aber sind das echte Freunde?

Ich komme unter anderem darauf zu sprechen, weil ich diese Woche ein Interview gesehen habe, in dem unser Staatsoberhaupt sagte, er wolle nicht Bundespräsident in einem Land sein, in dem man sich von Freunden kein Geld mehr leihen dürfe. Ich habe mir auch schon Geld von Freunden geliehen und Geld an sie verliehen – in einem Rahmen, der kein schriftliches Festhalten erforderte. Über vermögende Freunde verfüge ich nicht. Aber macht das einen Unterschied?

Die krisenerprobten, unerschütterlich zu mir stehenden sind rar gesät. Die waschen mir manchmal auch brachial den Kopf, wenn ich abhebe, bringen mich an die Grenzen meiner Argumentationsfähigkeit und kurbeln mit ihren kritischen Einwänden die Effizienz meines Hirns dermaßen an, dass ich regelmäßig erschöpft niedersinke. Aber all das hat seinen Lohn: Sie würden mich nie – Pardon für den direkten Ausdruck – in die Scheiße reiten.

Aber Freundschaften wollen auch gepflegt werden. Freunde sind Verwandte, die man sich selbst aussucht. Fast in jeder

Sprache gibt es das Sprichwort: »Zeig mir deine Freunde, und ich sage dir, wer du bist.« Ohne werten zu wollen: Wer der Selbstsuggestion erliegt, berufliches Prestige mit Freundschaft zu verwechseln, wird irgendwann auf den harten Boden der reinen Funktionalität solcher Verbindungen aufschlagen.

Silvester habe ich übrigens auf Einladung einer Freundin in einem Luxushotel in Antalya verbracht. Es war schön und teuer – für meine Verhältnisse. Die Einladung wird mich aber nicht den Kopf als Kolumnistin kosten, weil die Kosten von meinem Konto abgebucht wurden. Die freundschaftliche Geste, ein Teil ihrer Familie sein zu dürfen, in ihre herzliche Mitte aufgenommen zu werden, ist ohnehin unbezahlbar.

Oder wie mein Vater sagen würde: »Arkadaşlık pazara kadar değil mezara kadardır.« – Freundschaft hält nicht nur bis zum Markt, sondern bis zum Grab.

9. Januar 2012

Vom Hafer gestochen

Wäre die Katze ein Pferd, könnte sie den Baum hinaufreiten. Keine Sorge, mir sind nicht die Ziegen entlaufen, ich habe also noch alle Tassen im Schrank. Ich will damit nur sagen, dass der Katze gänzlich die Voraussetzung fehlt, ein Pferd zu sein. Wie ich darauf komme? Pferde mussten neulich wieder einmal für etwas herhalten, wofür sie nichts können. Nur weil sich einer wie vom Hafer gestochen vergaloppiert hat.

In einer Dokumentation des RBB sagte unser Berliner Ex-senator und heutiger Neustatistiker Sarrazin sinngemäß: Wenn man einen belgischen Ackergaul mit einem Lipizzaner kreuze, gehe das zulasten der Lauffähigkeit. Und das sei bei Menschen nicht anders. Mit anderen Worten: Wenn man mich mit einem Blödmann kreuzt, könnte das zulasten der Denkfähigkeit gehen. Die belegt nämlich, dass Eugenik außer dumpfem Rassismus nichts Verwertbares hervorgebracht hat und dass Prägung und Umgebung den Menschen zum eigenständigen sozialen Wesen machen.

Das Einzige, was ich mit Pferden in Verbindung bringe, sind die Reitstunden meiner Tochter, die ein großes Loch in meinen Haushaltsplan reißen. Ich kenne Pferde als Nutztiere von den Besuchen in Anatolien. Da gehören sie im Übrigen zur Familie, weil man sie dafür achtet und schätzt, dass sie den Karren aus dem Dreck ziehen. Davon abgesehen, fließt beim Lipizzaner spanisches, neapolitanisches und arabisches Blut durch die Adern. Also wieder nix mit der überlegenen Monokultur. Und was lernen wir daraus? Das Kleid macht keinen Mann, der Sattel macht kein Pferd.

Versuchen Sie, sich für einen Moment in einen Lipizzaner hineinzuversetzen. Wenn er ein Mensch wäre, wofür würde er sich entscheiden? Für die Zweisamkeit mit der Ackergauldame oder das perfekte Ziehen von Kreisen und das Rückwärts-Einparken an der Spanischen Hofreitschule? Als die Lipizzaner-Pferdezucht im 16. Jahrhundert begann, waren Vertreibungen von Andersdenkenden übrigens gerade an der Tagesordnung. Mit der Konfessionalisierung mussten viele Protestanten ihre Heimat aus Glaubensgründen verlassen. Ihre Vertreibung entvölkerte ganze Landstriche und speiste über die Jahre die Bevölkerung des wachsenden Berlins. Gustav Hartmann, auch »Eiserner Gustav« genannt, zog mit seiner Pferdedroschke 1928 von Berlin nach Paris, um gegen den Niedergang des Droschkengewerbes durch Autos zu protestieren. Hans Günter Winkler konnte auf seine Wunderstute Halla setzen, die ihn schwer verletzt 1956 zur ersten Goldmedaille im Springreiten führte.

Pferde sind oft positiv besetzte Symbole für Erfolg. Man sagt: das beste Pferd im Stall, das höchste Glück dieser Erde liegt auf dem Rücken der Pferde, mit dem kann man Pferde stehlen oder der Prinz auf dem weißen Pferd, auf den ich übrigens immer noch warte.

Mir fällt noch die Quadriga auf dem Brandenburger Tor ein. Ein Reitlehrer hat mir erklärt, dass im alten Rom das langsamste Pferd immer rechts, das schnellste links gespannt wurde, um in der Rennbahn besser um die Kurve zu kommen. Aber bevor ich auf meinem kleinen Ponyhof auf das falsche Pferd setze, die Gäule mit mir durchgehen und Sie mir endgültig vorwerfen, dass ich Ihnen doch nur etwas vom Pferd erzähle, möchte ich bezüglich des Neustatistikers noch Ross und Reiter nennen: Nicht alles, auf dem herumgeritten wird, ist ein Pferd, aber wer auf einem toten Pferd reitet, sollte absteigen.

Oder wie mein Vater sagen würde: »Aptal ata binmiş bey oldum sanmış, süpürge uzanmış orman oldum sanmış.« – Der Idiot steigt auf ein Pferd und denkt, er wäre ein Ehrenmann, der Besen legt sich hin und denkt, er wäre ein Wald.

16. Januar 2012

Ganz warm ums Herz

Ich habe mich mit dem Wort Heimat beschäftigt. Für mich ist Heimat eine Umgebung, ein Lebensstil, Beziehungen und Zugehörigkeiten, die sich überlebt haben. Ein emotional aufgeladener Bezugspunkt, aus dem heraus man sich definiert.

Mir fallen die Treffen der Vertriebenenverbände ein, wo alte Menschen Breslaus, Königsbergs, Ostpreußens und Schlesiens gedenken, aber kaum einer würde die Koffer packen und zurückwollen. Ich denke auch an ein Oktoberfest, das ich in den USA erlebt habe, blau-weiße Fahnen, Marschmusik, Sauerkraut. Deutsch hat dort keiner gesprochen, und trotzdem fühlten sich alle ihrer deutschen Heimat verbunden, die es allerdings auch in Deutschland so nie gab. Ich muss an meine Eltern denken. Meine Mutter, die jederzeit einen anatolischen Landwirtschaftsbetrieb führen könnte, lebt mitten in Duisburg ein Stück ihrer alten Heimat. Mein Vater, der mit seiner stoischen Art Dinge durch die türkische Brille sieht und mir sehr früh nahebrachte, dass alles mindestens zwei Seiten hat. Beide haben sich ihr Anatolien bewahrt und sind trotzdem gesetzestreue Staatsbürger, ohne dass sie ihren bundesdeutschen Kindern je ihre Lebensweise als die einzig selig machende aufgedrängt hätten.

Meine Heimat ist die Zechensiedlung in Duisburg. Die kleinen, verwohnten Häuser, die grauen Straßen, die verfallenen Industriebauten. So richtig schön ist das für die meisten nicht, aber mir wird es immer ganz warm ums Herz, wenn ich dort bin. So kann man vielleicht sagen, dass Heimat etwas ist, das einen geprägt hat – und, wenn es gut läuft, wo man mit allem ausgestattet wird, um sich woanders einbinden zu können.

Mich packen manchmal Zweifel, was ich von meiner Heimat meiner Tochter weitergeben könnte. Das dichte Beziehungsgeflecht meiner Kindheit mit Verwandten, Freunden und Nachbarn kann ich ihr nicht bieten. Auch ich bin nur ein Kind meiner Zeit, die Flexibilität so in den Vordergrund gerückt hat, dass Überschaubarkeit abhandengekommen ist.

Also wie funktioniert Heimat in der Metropole jenseits von Folklore? Vermutlich dadurch, dass man der Versuchung widersteht, das Vergangene zu verklären, und indem man Beziehungen am Wert und nicht am Preis bemisst. Nur so entsteht etwas Eigenes, das irgendwann in ein neues Heimatgefühl mündet. Heimat ist etwas, an dem man Anteil nimmt. Heimat ist nichts Statisches und Unveränderbares.

Was mich froh stimmt, ist, wie schnell sich ein Heimatgefühl ändern kann. In nur einer Generation kann aus dem Heimatland ein Urlaubsland werden – oder umgekehrt. Wenn ich vergleiche, wie meine Mutter mich erzogen hat und wie ich meine Tochter erziehe, kommt es mir vor, als lägen Jahrhunderte dazwischen. Dabei handelt es sich gerade einmal um vierzig Jahre. Das Gefühl Heimat werde ich wohl in dieser Kolumne nicht mehr vollständig erklären können. Aber ich werde weiter versuchen, meiner Heimat ein neues Gesicht zu geben.

Oder wie es mein Vater sagen würde: »Bülbülü altın kafese koymuşlar yine de ahhh vatanım demiş.« – Auch wenn die Nachtigall in einem goldenen Käfig sitzt, wird sie sich nach ihrer Heimat sehnen.

27. Januar 2012

Von Duisburg lernen

Meine Heimatstadt Duisburg hat Geschichte geschrieben. Zum ersten Mal in der Geschichte der Bundesrepublik haben die Bürger einer Stadt ihren Oberbürgermeister abgewählt. Und zwar überdeutlich, womit alle, die glaubten, das Abwahlverfahren aussitzen zu können, und auf die Politikverdrossenheit der Menschen gesetzt hatten, eines Besseren belehrt wurden.

Duisburg war schon einmal Gesprächsthema, zumindest für meine Generation. Das war 1981, als Götz George als Horst Schimanski in der Tatort-Reihe einen Duisburger Kriminalhauptkommissar mimte, den es so vorher noch nie im deutschen Fernsehen gegeben hatte. Schimanskis Beliebtheit rührte daher, dass er sich die Spielregeln nach seiner Vorstellung zurechtbog, um gegen die Großen etwas für die Kleinen herauszuholen.

Bis zur Loveparade 2010 war der Duisburger Oberbürgermeister ein geachteter Mann. Die Duisburger ließen ihn gewähren, als er mithilfe eines sauteuren Unternehmensberaters den Haushalt zusammenstrich, die Stadt verwaltete, anstatt sie zu regieren, und mit bester Absicht den Niedergang von Duisburg sanft abzubremsen versuchte. Er hatte sich mit dem schweren Schicksal, dessen Symptome er zu lindern versuchte, abgefunden, vermochte der Krankheit aber nicht zu Leibe zu rücken. Als sich dann noch der bleierne Stillstand und die verwaltungsjuristische Sicht der Ereignisse um die Loveparade hinzugesellten, fragten sich die Duisburger, ob man denn zur Verantwortung tatsächlich erst per Gerichtsbeschluss gezogen werden muss.

Wie geht es nun weiter, frage ich mich. Braucht es in Duisburg einen, der zu Fuß den Rhein überqueren kann, damit die Opposition reflexartig aufschreit, dass der nur zu faul zum Schwimmen ist? Duisburg hat als Autokennzeichen DU. Das bedeutet für mich, zuerst darüber nachzudenken, was ich für Duisburg tun kann, und nicht, was Duisburg für mich tun kann. Es gibt viele Beispiele aus anderen Kommunen, wie man Probleme gemeinsam löst. Transparenz ist das Stichwort. Die neue Oberbürgermeisterin, man verzeihe mir den feministischen Ausfall, wird die Verwaltung öffnen und für alle sichtbar die Karten auf den Tisch legen müssen. Konsolidieren ohne investieren führt aber nicht zum Ziel. Die Bürger müssen ihrer Stadt unter die Arme greifen, mit Grips und Gemeinsinn. Duisburg braucht einen DU. Einen, der Verkrustungen aufbricht, ziemlich viel einstecken kann, keine Angst hat und viel ansteckende gute Laune mitbringt.

Naiv, sagen Sie? Vielleicht, aber gerade hat die eine Hälfte der Stadt der anderen gezeigt, dass Engagement ziemlich viel bewegen kann. Wenn nun die sich der Wahl enthaltende Hälfte auch aufwacht und die Agonie abschüttelt, wird sich Duisburg zwar nicht gleich morgen wie Phönix aus der Asche erheben, aber die Stadt hätte eine Zukunft. Einsicht ist die beste Voraussetzung für Weitsicht. Dass immer noch etwas geht, wenn man nur will. Es ist an der Zeit zu zeigen, dass Demokratie von Demos stammt, dem griechischen Wort für Volk.

Oder wie mein Vater sagen würde: »Bir elin nesi var, iki elin sesi var.« – Was ist schon eine Hand, wenn zwei Hände einen Laut erzeugen können?

17. Februar 2012

In der Halbzeit, ohne Pause

Dass »Alter« ein relativer Begriff ist, wurde mir gerade erst wieder klar. Meine Schwester, die nur zwei Jahre älter ist als ich, ist Oma geworden. Nach der ersten Freude über das neue Familienmitglied überkam mich allerdings der Schock. Als ob man nicht schon genug damit zu tun hätte, von alleine alt zu werden. Ich meine die Verdrängung des Alters nicht nur gelegentlich, sondern mit Inbrunst. Klar, im Drogeriemarkt nehme ich schon die Creme für die reife Haut in die Hand und frage mich, was da wohl alles drin ist. Der Aufwand, geistig und körperlich in Form zu bleiben, nimmt zumindest in meiner Wahrnehmung deutlich zu.

Nein, ich bin kein Babyboomer, ich kam erst nach dem Pillenknick auf die Welt. Weder die 68er-Studentenrevolte noch die Antiatomdemonstrationen und Friedensbewegung habe ich aktiv mitgemacht. Deshalb wurde ich erst spät politisiert, ohne Parteibindung, weil meine Generation sich nicht gerne festlegen lässt. Ich gehöre zur »Ellenbogen-Generation«, die von 16 Jahren Kohl-Regierung geprägt wurde und deshalb politisiert ist, weil die Vorstellung der Yuppie-Bewegung, anything goes, sich nicht erfüllt hat.

Hier stehe ich nun, mit allen mühsam antrainierten Kultur- und Arbeitstechniken, in einem Alter, in dem Engagement und Energie noch reichlich vorhanden sind, man sich aber noch nicht in einem Ehrenamt nützlich macht. Es fehlen die Zeit und das Geld, sich das überhaupt leisten zu können.

Irgendwie habe ich es auch verpasst, mich beizeiten so verbiegen zu lassen, dass ich mit dem Etikett »Frau« oder »Migrantin«

einen guten Quotenposten hätte abgreifen können. Seilschaften, die mich die Karriereleiter hochtragen, hatte ich auch nie. Die Frage lautet: Wie richtet man sich ein zwischen den Stühlen? Von unten drücken die jungen, durchgestylten und konturlosen Jedermänner, die mit Bachelor und Auslandssemester ausgestattet sind und ultraflexibel daherkommen – und direkt vor mir steht eine Generation, die gerade noch geordnete Verhältnisse vorfand und nun schnurstracks auf die Rente mit 67 zusteuert.

Darüber sitzt die Generation mit den Spitzenpositionen, die in einer Zeit geprägt wurde, als »der Russe« für das Böse stand und »Globalisierung« ein Wort aus Science-Fiction-Romanen war. Und meine Generation, die es mal besser gelernt hat, ist so damit beschäftigt, ihr Schöner-wohnen-Leben zu verteidigen, dass nicht mehr genug Energie für soziales und politisches Engagement übrig bleibt.

Was mache ich nun? Fahre ich die Ellenbogen aus und kämpfe für mein Eigenheim mit Vorgarten und Kugelgrill? Oder besinne ich mich auf jene Zeit, in der Solidarität und Gemeinsinn noch nicht als Sozialromantik belächelt wurden?

Die Statistik sagt, ich habe Halbzeit, was meine Lebensspanne angeht. Damit aber etwas bleibt, muss sich meine Generation einbringen. Ich möchte lieber etwas bereuen, was ich getan habe, als etwas, was ich nicht getan habe. »Alter« kann ich mir noch nicht leisten. Und solange das nicht anders ist, muss ich versuchen, jung zu bleiben.

Oder wie mein Vater sagen würde: »Hayat yaşla değil, yaşamakla anlaşılır.« – Nicht durch das Älterwerden lernt man im Leben, sondern indem man lebt.

2. März 2012

Die Ehre

Freiheit und Leben kann man uns nehmen, die Ehre nicht«, sagte Otto Wels, als er und seine SPD sich im Reichstag dem Ermächtigungsgesetz des Mannes aus Braunau in den Weg stellten. Wohl wissend, welches Schicksal sie erwarten würde. Sozialdemokraten können, wenn sie müssen, todesmutig sein. Aber das ist nicht mein heutiges Thema.

Ich durfte eine Laudatio zu einem Preis halten, der den Namen »Tulpe« trägt. Mit der Tulpe werden in Berlin Projekte ausgezeichnet, die sich für den deutsch-türkischen Gemeinsinn starkmachen.

Mit dem 1. Preis wurden junge Männer ausgezeichnet, die sich einem Thema widmen, bei dem ich mich winde – »Ehrenmord«. Auch weil ich nicht verstehe, wie so eine Unmenschlichkeit bei uns noch Raum finden kann. Deshalb hielt ich bislang den größtmöglichen Abstand. Zu groß war die Gefahr, ins falsche Fahrwasser zu geraten. Objektivität schien hierbei unmöglich. Während andere moralisieren, wieder andere darlegen, dass es sich hier um ein typisches Phänomen von muslimischen Migranten handelt, haben die Preisträger von »Heroes« völlig unbeirrt gehandelt. In meine Begeisterung mischte sich auch Scham, weil ich nichts damit zu tun haben wollte, genau wie die Mehrheitsgesellschaft und die Mehrheit der Migranten, die sich von derartigen Verhaltensweisen abgestoßen fühlen.

»Gegen Unterdrückung im Namen der Ehre« heißt es bei den »Heroes«. Da standen sie nun auf der Bühne, dieses Dutzend türkischstämmiger dunkelhaariger unrasierter Männer, die sich, ohne dass es Belehrungen bedurft hätte, emanzipiert haben. Sie kommunizieren vor Ort, auf der Straße, dort, wo etwas passiert. Sie thematisieren das, was wir als schrecklich empfinden, auch wenn wir nichts tun, um das Bewusstsein anderer zu ändern. Außen wird viel geredet: Ministerin Schröder, der Innenminister, alle problematisieren und werfen beliebig in den Topf der archaischen Rückständigkeit. Diese Typen von »Heroes« evaluieren nicht, um ein Problem politisch aufzublasen, die lösen es einfach. Man muss wohl drinnen sein, um Gehör zu finden.

Ehrenmord ist das fatale Produkt falsch verstandener Traditionen. Ein Begriff, der sich in sich selbst schon widerspricht. Was hat Ehre mit der vorsätzlichen Tötung eines Menschen zu tun? Und so absurd, wie das Wort klingt, so tief sitzt auch das schreckliche Missverständnis. Frauenunterdrückung, Machokultur, Ehrenmord – »Heroes« gibt Hilfestellung und thematisiert falsch verstandene Begriffe und ordnet sie zusammen mit den Betroffenen neu ein. Nicht von draußen und ohne erhobenen Zeigefinger. Von innen und deshalb glaubwürdig, vertrauensstiftend und verhaltensändernd.

Mich hat es kalt erwischt, weil ich bisher auch weggeschaut habe. Das habe ich mir gemerkt. Die handeln, und ich durfte ihnen dafür einen Preis geben.

Oder wie mein Vater sagen würde: »Adam adam demekle adam olmaz.« – Indem der Mann »Mann« sagt, wird er nicht zum Mann.

23. März 2012

Ich werde spießig

Ich habe ein Problem. Herzlichen Glückwunsch, mögen Sie mir nun entgegenrufen, das ist etwas, was mich mit vielen Menschen verbindet. Mein Problem betrifft allerdings das Gemeinschaftsverständnis. In meiner Nachbarschaft wohnt ein Mann, der einen Hund hat. Er lässt diesen Hund mitten auf den Gehweg kacken. Einfach so. Und er denkt nicht im Geringsten daran, die Haufen zu entsorgen. Als ich ihn darauf ansprach, wurde er zornig und teilte mir mit, dass es in Anbetracht der vielen Hundehaufen auf den Straßen doch auf dieses Häufchen nun wirklich nicht mehr ankäme.

Was tun? Ich habe eine Abneigung, jemanden zu denunzieren. Auch lehne ich es ab, mich als Oberschiedsrichter aufzuspielen und meinen Mitmenschen Regeln des Zusammenlebens beizubringen. Aber andererseits widerspricht die Ignoranz, mit der dieser Mensch seinen Hund die Straßen vollscheißen lässt, meiner Vorstellung von einem funktionierenden Zusammenleben in einer Großstadt.

Mir fiel dieser Werbespot einer Bausparkasse ein, in dem die Tochter eines Alternativen aus der Bauwagensiedlung dem Vater von ihren Freunden erzählt, die in Häusern und Eigentumswohnungen leben. Der Hippie-Vater antwortet darauf: »Alles Spießer.« Und das Mädchen entgegnet: »Papa, wenn ich groß bin, will ich auch mal Spießer werden.«

Mein Problem ist, dass ich spießig werde. Ich will Fehlverhalten nicht ungeahndet lassen, obwohl ich im Grunde meines Herzens gegen einen Gartenzwergüberwachungsstaat bin, weil Kontrolle Menschen nicht zu besseren Menschen macht.

Bislang habe ich den Mann nicht angezeigt. Ich weiß ja nicht einmal, ob man das überhaupt kann. Auch weiß ich nicht, wie lange es dauern würde, ihn einzubestellen, anzuhören und ihm einen Bußgeldbescheid zukommen zu lassen. Womöglich geht er in ein Widerspruchsverfahren über mehrere Gerichtsebenen, vielleicht muss er gar nicht zahlen, oder das Verfahren wird eingestellt. Dann lässt er seinen Hund wahrscheinlich nicht nur weiter die Straßen vollscheißen, sondern wirft die Kacke aus Rache in meinen Briefkasten.

Ich frage mich gerade, wie langweilig mein Leben sein muss, dass ich mich über Hundescheiße derart echauffieren kann. Oder ist es vielleicht doch so, dass mit mir alles in Ordnung ist und ich als Teil einer Gemeinschaft sogar dazu aufgefordert bin, mich einzumischen? Ich rege mich nämlich deshalb auf, weil öffentlicher Raum uns allen gehört. Und ich gebe zu, dass ich in ein Alter komme, in dem ich Wert auf meine Umgebung und das Verhalten meiner Mitmenschen lege. Als ich jung war, dachte ich, die Leute, die jeden Kleinkram zum Mittelpunkt ihrer Existenz machen, haben sonst nichts anderes. Nun ist es aber so, dass ich zur Bodenhaftung verdammt bin. Deshalb nehme ich auch das Fehlverhalten in meinem Umfeld wahr und zögere trotzdem einzuschreiten.

Das muss ich dringend überwinden. Wenn wir wollen, dass es einigermaßen zwischen uns läuft, müssen wir uns daran halten, was wir als Kinder gelernt haben: Sozialverhalten. Mein Nachbar aber reagierte auf meine Kritik nur wütend.

Oder wie mein Vater sagen würde: »Tatlı dil, yılanı deliğinden çıkarır.« – Ein gutes Wort lockt die Schlange aus der Höhle.

30. März 2012

Auf bessere Nachbarschaft

Not macht erfinderisch, sagt eines dieser deutschen Sprichwörter. Oder um den Dichter der Romantik, Friedrich Hölderlin, zu bemühen: »Wo aber Gefahr ist, wächst das Rettende auch.« Keine Sorge, ich erzähle Ihnen heute nichts vom Niedergang der Welt. Nein, meine Not liegt im Alltäglichen.

Es wird Frühling, die Tage werden länger, und ich brauche dringend Verdunkelungsrollos fürs Kinderzimmer. Meine Tochter weigert sich, vor Einbruch der Dunkelheit einzuschlafen. Ich bin also gezwungen, mir etwas auszudenken, damit es früher dunkel wird. Ich könnte natürlich in ein Fachgeschäft gehen oder ganz modern in einem der Internetportale nach Hilfe suchen, in denen Handwerker ihre Dienste anbieten.

Als ich gerade begann, Höhe und Breite der Fenster auszumessen, fiel mir unsere Zechensiedlung in Duisburg ein. Früher half jeder jedem, oder zumindest stand man sich bei. Kein Wochenende verging, ohne dass eine Gruppe von Männern unter den Autos lag, um Bremsen, Auspuff oder Vergaser zu reparieren. Man unterstützte sich beim Umzug, schleppte Kisten, tapezierte und strich bis tief in die Nacht Raufasertapeten. Ganze Häuser samt Bad wurden in Nachbarschaftshilfe hochgezogen. Es gab immer einen, der einen kannte, der wusste, wo man etwas schneller, billiger und besser bekam. Diese Geschichten stammen nicht aus der Vorzeit. Ich habe sie persönlich erlebt, und dabei habe ich nicht einmal graue Haare.

Meine Generation hat sich aber für die Flexibilität entschieden. Auch was die Freundschaften angeht. Das Berufliche dominiert das Private, Arbeit und Freizeit gehen nahtlos ineinander über, leider zulasten eines intakten Miteinanders. Es gibt kaum noch den geregelten Feierabend, die Wohnung ist Schlafplatz, aber kein Lebensmittelpunkt mehr. Man kann sich in der Nachbarschaft schon als beliebt betrachten, wenn man regelmäßig auf der Straße gegrüßt wird. Das war dann aber schon der Höhepunkt der Sozialkontakte.

Während wir früher zur Solidarität gezwungen waren, weil nur gemeinsam etwas ging, zählt heute nur die Individualität. Gemeinschaft und Freundschaft sind auf digitalen Plattformen zu finden. Dort tauschen wir uns in Millisekunden aus, sind aber nicht in der Lage, uns zu organisieren, wenn einer von uns mal dringend Hilfe braucht. Wir stellen das Privateste ins Internet, lassen aber niemanden durch unsere Haustür. Man muss sich ja nicht gleich täglich auf die Pelle rücken, aber zwischen Sozialautismus und der Aufgabe von Privatheit ist der Korridor der Alternativen sehr breit.

Beim ignoranten Nebeneinanderherleben muss es nicht zwingend bleiben. Der Gewinn einer Gemeinschaft, die füreinander da ist, hat viele Vorteile. Wir nehmen Anteil, bauen Vorurteile ab und stiften Vertrauen. Was man kennt, ist einem nicht fremd, wem man hilft, der wird sich nicht abwenden, wer sich helfen lässt, ist angenommen.

Oder wie mein Vater sagen würde: »Hayırlı komşu, hayırsız akrabadan iyidir.« – Ein guter Nachbar ist mehr wert als ein schlechter Verwandter.

20. April 2012

Sonne, Liebe, Männer

Werden in Berlin die Menschen beim Übergang von Winter- zu Sommerzeit über Nacht ausgetauscht? Mein Zuhause kann so anders sein, wenn die Sonne scheint. Plötzlich lächeln die Menschen, man sitzt in überfüllten Cafés und rückt an den Tischen näher, damit noch andere daran Platz finden.

Ich liebe diese Zeit in Berlin, diesen Übergang von kalt zu warm. Damit meine ich nicht das Wetter, sondern das Klima in den Herzen. Im Frühling werden die Probleme einfach weggeliebt. Integrationsprobleme? Liebe machen, Gene vermischen, so lässt sich auch die Sprache leichter lernen. Finanzprobleme? Von Luft und Liebe leben, in der Geldbörse bleibt zwar Ebbe, aber jedem Anfang wohnt ein Zauber inne.

Wer braucht schon Brot, wenn er küssen kann?

Angefangen von den Schülergruppen, den Scharen von Touristen, den Studenten bis hin zu den Wohlstandsrentnern, die es nach Berlin treibt: Diese Stadt zieht im Frühling an, um sich auszuziehen. Raus aus der Anonymität, rein in die Zweisamkeit, damit aus dem Nebeneinander ein Miteinander wird. Heute wird gelebt, gelitten wieder später. Die Enttäuschung hat Zeit bis November. Hach, ist das schön: Händchen haltende Paare, küssende Teenager, eng Umschlungene verschiedener sexueller Neigung. Berlin, du bist so wunderbar – im Sommer.

Hören Sie ihn, den leichten Unterton der Übergangenen? Aber mein Problem ist ein anderes. Wenn man schon mal so direkt sein darf, liebe Männer: Habt ihr schon mal davon gehört, dass Frauen erobert werden möchten und nicht besetzt? Offenbar nicht. Wie sonst lässt es sich erklären, dass so viele von euch wahre Gefühlsmumien sind, wenn es darum geht, einer Frau näherzukommen. Auf der Festplatte der männlichen Beziehungsrituale ist oft nicht mehr als die Neuauflage des Spiels: mein Haus, mein Auto, mein Computer. Doch es geht nicht um ein Bewerbungsgespräch für einen neuen Job. Sie sind nicht im Assessment-Center der Performance-Optimierung.

Ist das nun die Strafe, die wir Frauen für die Emanzipation zahlen müssen? Und was hat das eine überhaupt mit dem anderen zu tun? Selbstbestimmung und ein Anrecht darauf, die Autotür geöffnet zu bekommen, schließen sich doch nicht aus. Sind denn unsere Ansprüche zu hoch?

»It needs a good man to get a good woman«, sagte mir mal ein älterer Herr im Central Park von New York, als er mir eine Blume schenkte, einfach so. Jemand, der einen positiv überraschen kann, der einen in seinen Bann zieht und das Spiel beherrscht, halb zog sie ihn, halb sank er hin, wo hat sich diese Spezies bloß versteckt?

Backen kann man sich Männer bekanntlich nicht. Aber dann bitte auch kein blasses Aufbackbrötchen. So bleibt der Topf weiterhin ohne Deckel, damit ich besser hineinschauen kann.

Oder wie mein Vater sagen würde: »Gözden ırak olan gönülden de ırak olur.« – Was dem Auge fern ist, ist auch dem Herzen fern.

4. Mai 2012

Heiß auf Fußball

Mein Kalender ist bereinigt, neue Termine werden nicht angenommen, der Spielplan hängt an der Wand, und die Vorberichterstattung hat mich längst angesteckt. Von niemandem lasse ich mir den Höhepunkt meines Jahres vermiesen. Meine Freude ist so groß, dass ich schon eine Woche vor dem Start darüber schreibe, bevor die männlichen Kollegen hier wieder das Wort übernehmen. Ich bin heiß auf die Fußballeuropameisterschaft.

Wie können Sie nur, werden Sie jetzt vermutlich sagen. Was ist mit den Menschenrechten in der Ukraine, den Ausschreitungen in den Stadien, den braunen Ultrafans und der Kinderarbeit der Sportartikelhersteller in Billiglohnländern? Sie haben recht. Boykottieren Sie diese Marken, stellen Sie die Politiker und Sportfunktionäre an den Pranger und engagieren Sie sich für Menschenrechte in der Ukraine. Aber nicht als Betroffenheitsritual kurz vor dem Ereignis, sondern ernst gemeint und auf Dauer. Ein Freund sagte mir, dass sein Vater von 1941 bis 1943 lieber in Charkiw Fußball gespielt hätte, als dort mit vielen anderen zu bluten. Wer nicht begreift, was es heute bedeutet, in dieser Stadt Fußball zu spielen, der hat die Idee von Europa nicht begriffen. Dem gebührt die Rote Karte.

Ich kam 1972 in das Land des frisch gekürten Europameisters. 1976 sah ich im Schwarz-Weiß-Fernsehen, wie Uli Hoeneß beim Elfmeterschießen im Endspiel gegen die ČSSR den ersten Fußball in die Erdumlaufbahn schoss. Wir Türken konnten uns sehr schnell mit dem deutschen Fußball identifizieren, weil das Spiel eine universelle Sprache spricht, Leidenschaft zulässt und in Regeln gefasst ist, an die sich alle halten müssen. Beim Fußball braucht das Genie die Mannschaft, und die wiederum ist ohne den Funken der Genialität des Einzelnen am Ende aufgeschmissen.

Ja, ich drücke ganz fest die Daumen, dass unsere aktuelle Mannschaft Europameister wird. Mit Namen wie Boateng, Gómez, Gündoğan, Khedira, Klose, Özil und Podolski steht diese Mannschaft ganz selbstverständlich für mein Land, so wie Hummels, Höwedes, Lahm, Müller, Neuer und Schweinsteiger. Und ich werde mir die Wangen schwarz-rot-gold anmalen und die deutsche Fahne schwenken. Nicht weil ich sonst nichts anderes hätte, was mir an meinem Land gefällt, sondern weil unsere Symbole der Demokratie nicht denen gehören sollen, die sie mit Füßen treten.

Mein Verstand wird sich drei Wochen lang nur mit Raumaufteilung, Viererkette, Doppelspitze, Eckenverwertung, Zweikampfverhalten, Manndeckung, Flügelspiel, Torgefährlichkeit, Kontern, Tunneln, Pressing, Aufsetzer, kurzer Ecke, Rückpass, Distanzschuss und Siegeswillen beschäftigen. Gewiss, dabei lässt sich das reale Leben nicht ausblenden und damit lassen sich auch keine Probleme lösen. Aber mitzufiebern und dabei zu sein, hebt die Stimmung und erlaubt uns, ausgelassen zu sein.

Oder wie mein Vater sagen würde: »Ne sağcıyım ne solcu, futbolcuyum futbolcu.« – Weder bin ich rechts noch links, ich bin Fußballer, Fußballer.

1. Juni 2012

Mitgefühl und Brot

Kennen Sie das, wenn Sie millimeterweise in eine Richtung gedrängt werden und die Entwicklung eine derartige Dynamik entfaltet, dass es kaum noch ein Zurück gibt? Das hat vermutlich jeder schon erlebt, dem es schwerfällt, Nein zu sagen. Ich gehöre dazu.

Viele von uns engagieren sich ehrenamtlich, vom Elternbeirat, der Freiwilligen Feuerwehr, der Selbsthilfegruppe, der Bürgerinitiative bis hin zur politischen Partei, der Gewerkschaft, der Kirchengemeinde. Das machen wir entweder, weil wir der Allgemeinheit etwas zurückgeben wollen oder weil wir selbst von einem Missstand betroffen sind. Manchmal aber auch, weil wir einfach Freude daran haben, uns einzubringen, irgendwo in unserer Gesellschaft.

Ehrenamt ist freiwillig und wird nicht entlohnt. Man braucht also finanzielle Freiheit, um den Blick auf andere richten zu können, ob als Hobby oder aus tiefster Überzeugung. Meine Überzeugungen stürzen mich allerdings in ein Dilemma. In Schulen und Kindergärten motiviere ich Kinder zum Lesen, ich bin in Stiftungen tätig, engagiere mich für ein Miteinander der Kulturen, als Lesepatin besuche ich Migrantenkinder zu Hause und engagiere mich für die frühkindliche Bildung. Das frisst Zeit und kostet Energie, weil man ja auch möchte, dass das Engagement fachlich fundiert ist. Ich finde, jeder Bürger muss seinen Beitrag leisten, damit wir ein gutes und faires Zusammenleben hinbekommen. Aber ich lebe vom Schreiben, was schwer genug ist. Und manchmal werde ich nach meiner Einschätzung gefragt, weil ich mir in jahrelanger Arbeit eine gewisse Kompetenz im Bereich der Integration angeeignet habe.

Für die Broschüre eines Bundeslandes zum Beispiel sollte ich einen Beitrag verfassen, ein niederländischer Fernsehsender bat mich um ein Interview, ein deutscher Rundfunksender um eine Stellungnahme, und in Frankfurt lud man mich auf ein Podium. Und für was? Für lau.

Wie bloß soll ich denen erklären, dass eine Woche begrenzte Arbeitsstunden hat, bei jedem Einsatz der Babysitter anrücken muss und die vielen Stunden in Zügen und auf Bahnhöfen keine Freizeitaktivität sind? Neulich sollte ich auf einer Veranstaltung eines großen Konzerns einen Vortrag halten. Meine Nachfrage, wie denn meine Arbeit honoriert würde, führte zuerst zu Irritationen und anschließend zu tiefer Enttäuschung. Schließlich bekäme ich doch die einmalige Gelegenheit, wichtige Leute kennenzulernen und Kontakte zu knüpfen.

Nun, war meine Antwort, ich sei aber nicht auf der Suche nach einem Golf spielenden Ehemann, sondern wolle lediglich für meine Arbeit angemessen bezahlt werden. Wie laut wäre wohl der Ruf nach dem Betriebsrat, wenn die Eventdame dieses Weltkonzerns die Veranstaltung lohnfrei hätte organisieren müssen?

Oder wie mein Vater sagen würde: »Acıyan çok ama ekmek veren yok.« – Jeder hat Mitleid, aber Brot gibt niemand.

8. Juni 2012

Mutation

I ch sage es gleich vorweg, Sie müssen mir nicht gratulieren. Ignorieren Sie diesen Tag einfach, ich tue es auch. Früher war der Geburtstag Ausdruck von Entwicklung, von Fortschritt. Aber Lebensweisheit und zunehmender Verfall des Körpers passen einfach nicht zusammen. Der Aufwand, den eigenen Vorstellungen von dem zu entsprechen, was es heißt, begehrenswert zu sein, wird immer größer. Ich hungere und laufe mir einen Wolf. Ja, ich gebe es zu, ich lege Wert darauf, ansatzweise als begehrenswerte Frau wahrgenommen zu werden. Erschreckt Sie das? Mich auch.

In der Türkei sagt man, dass ein Gramm Fleisch tausend Makel verdecke. Diese Art von Weisheit ist der Grund, warum ich mich unbewusst für den Speck entschieden habe. Jeden Morgen bemerke ich Veränderungen an mir, die sich im Laufe des Tages nicht mehr zurückbilden. Ich kann quasi dabei zuschauen, wie ich mutiere.

»Man ist so alt, wie man sich fühlt«, werden Sie nun versuchen, mich zu beruhigen. Das mit dem Fühlen ist aber eine launenhafte Sache. Heute zum Beispiel fühle ich mich viel älter, als ich es in Wirklichkeit bin. Auf einer Party am Wochenende fühlte ich mich wie 18. Am nächsten Morgen allerdings wie 72. Nach zwei Aspirin stürzte mein Alter wieder auf geschätzte 50. Sparen Sie sich bitte jegliche Ratschläge bezüglich meines Alters.

Aber da ist noch etwas anderes. Früher machte ich mir einen Riesenspaß daraus, mein Alter schätzen zu lassen. Ich wurde ja glücklicherweise immer für jünger gehalten. Diese Spielereien lasse ich jetzt lieber sein. Zu oft ist das nach hinten losgegangen. Was auch daran liegt, dass ich als alte Schachtel sowieso nicht mehr nach meinem Alter gefragt werde.

Bei Männern ist Aussehen zweitrangig. Ein ehemaliger Chef rief mir auf dem Weg zu Terminen immer hinterher: »Sieh gut aus und sag was Kluges.« Zu männlichen Kollegen sagte er so etwas nie. Denen hat er gleich die Stellvertretung des Büros übergeben, wenn er unterwegs war.

Ein Freund um die 50 erzählte mir neulich, dass er mittlerweile eine Bandbreite von attraktiven Frauen um sich herum habe. Sie seien zwischen Mitte 20 und Mitte 60. Ich glaube, dass er mitten in einer Midlifecrisis steckt. Im Rahmen der Geschlechtergerechtigkeit fordere auch ich das Recht auf eine weibliche Mittelalterkrise ein. Aber leider brennen auf meinem Geburtstagskuchen keine Kerzen der Leidenschaft mehr, sondern nur noch eine beachtliche Lichterkette von Erinnerungen und Erfahrungen.

Aber Schluss jetzt mit dem Gejammere. Mein Grundgedanke war ja eigentlich, Sie dafür zu erwärmen, Frauen jenseits der 40 noch begehrenswert zu finden. Vielleicht haben wir nicht mehr ganz die Maße wie mit 20, aber dafür umso mehr Köpfchen. Es braucht eben eine gewisse Zeit, bis der Kopf sich rundgedacht hat.

Oder wie mein Vater sagen würde: »Yaşı at pazarında sorarlar.« – Das Alter ist nur auf dem Pferdemarkt von Interesse.

15. Juni 2012

Fangen Sie an, machen Sie Kinder

Ich war mit Kindern unterwegs. Das ist eigentlich nichts Besonderes, wenn man selbst eines hat. Aber es waren neun. Pädagogisch wertvoller Umgang ist kein angeborenes Talent von mir. Alles, was ich über Kinder weiß, habe ich mir in mühevoller Kleinarbeit entweder durch Erfahrung oder aus Ratgebern angeeignet.

Liegt die uns Deutschen attestierte mangelnde Kinderfreundlichkeit vielleicht darin begründet, dass Kinder wie eine Angelegenheit behandelt werden? Wir haben das Betreuungsgeld, das Kindergeld, Rechtsansprüche, und sogar der Unterhalt ist in einer Tabelle festgelegt.

Es gibt Spielflächenkonzepte, ambulante und stationäre Jugendhilfe, gebundene, teilgebundene und ungebundene Ganztagsschulkonzepte, bilinguale Kindertagesstätten und sogar ein Förderprogramm für pränatales Singen. Viele dieser Anstrengungen sind halbherzig und daher vielleicht auch Abbild einer Gesellschaft, die Kinder vor allem als statistische Größe wahrnimmt.

Mir ist der Unterschied in der Türkei aufgefallen. Die Chancen auf eine gute Ausbildung sind in Deutschland, bei allen Defiziten, besser, vermute ich. Aber worauf ich hinauswill: Kinder sind in der Türkei überall dabei, man ist umzingelt von ihnen, jeder nimmt Rücksicht auf sie und passt mit auf. Sie sind mittendrin, nicht als etwas Besonderes, sondern voll integriert in den Alltag. Und daher ist es auch völlig normal, dass man sie hat, während man hierzulande überlegt und abwägt, wann man sie sich leisten kann. Und wenn man sie dann hat, sind sie ein

Kostenfaktor und bedeuten Abstriche bei Karriere, Wohnraum und Rente.

Aber das ist, wie ich bei unserem Ausflug feststellen musste, nur die halbe Wahrheit. Zumindest dass Deutschland seine Kinder nicht mag.

Unser Ausflug zog sich hin. Wir nahmen die S-Bahn, dann noch eine S-Bahn und begegneten auf unserem Weg ausschließlich, ich muss es wirklich noch einmal wiederholen, ausschließlich freundlichen, zuvorkommenden und hilfsbereiten Menschen. Ich habe mir das wirklich genau angeschaut, ob nicht doch einer mürrisch reagiert. Niemand, der gemeckert hätte. Stattdessen zauberten die Kinder jedem ein Lächeln auf das Gesicht.

Lassen Sie es mich Ihnen in aller Deutlichkeit sagen: Wenn ich geahnt hätte, dass die kleinen Racker so erfüllend sein können, hätte ich früher angefangen und würde jetzt mit meinen eigenen neun Kindern Ausflüge machen. Am helllichten Tag, mitten in der Woche, würde ich mir einfach so den ganzen Tag freinehmen.

Uns ist die Selbstverständlichkeit, mit Kindern zu leben, abhandengekommen. Leider habe auch ich mich von diesem Individualitäts-, Selbstverwirklichungs- und Karrieregeschwätz zu viele Jahre einwickeln lassen. Das ist der Grund, warum ich zu den Spätgebärenden zähle und ein Einzelkind habe. Diesen lächelnden Menschen möchte ich deshalb zurufen: Los, fangen Sie an, machen Sie Kinder. Ja, sie sind kleine Monster, rauben uns den letzten Nerv, kosten ein Vermögen. Aber dafür sind sie auch der größte Schatz unseres Lebens.

Oder wie mein Vater sagen würde: »Çocuk evin meyvesidir.« – Kinder sind die Früchte eines Hauses.

22. Juni 2012

Runder Ball, buntes Volk

Wenn Sie das lesen, ist es vorbei, Deutschland wird im Finale der Fußballeuropameisterschaft stehen. Hoffentlich.

Was war das nach der WM 2006 wieder für ein großartiges Fußballfest! Überall beflaggte Autos, schwarz-rot-goldene Fahnen, Rekordeinschaltquoten! Und Stimmen, die vor Nationalismus warnen, Patriotismus für Überheblichkeit halten und fußballerische Glücksgefühle als Gefahr einstufen. Diesen Schuh ziehe ich mir nicht an. Ich habe mir mit Lust unsere Mannschaft angeschaut, die noch längst nicht ihren Zenit erreicht hat. Von keinem der Spieler möchte ich mir die Zukunft des Sozialstaates oder die ökologische Herausforderung erklären lassen, aber das müssen sie ja auch nicht.

Die, die sich links verorten, sagen, dass Deutschland so ziemlich jede Katastrophe des letzten Jahrhunderts angezettelt habe und sie deshalb ein Problem damit hätten, wenn sich Nationalstolz im Schwenken der Fahne breitmacht.

Aber ich frage mal unbekümmert nach: Was hat das eine mit dem anderen zu tun? Ich war in Solingen, nachdem dort Häuser, in denen Ausländer wohnten, niedergebrannt wurden. Zuvor waren es Asylbewerberheime in Hoyerswerda. Da habe ich mich abgrundtief für mein Land geschämt. Eine dumpfe Masse empfand damals ihre Erbärmlichkeit als Überlegenheit, sie verstand sich als Ausdruck der schweigenden Mehrheit. Die Mehrheit der Fußballfans sorgt sich um den Knöchel von Schweinsteiger, die Genialität von Özil und die latente Abwehrschwäche von Boateng.

Im Bauch wissen wir, dass von Deutschland nie wieder die geringste Gefahr für den Rest der Welt ausgehen wird. Wir exportieren die modernsten Produkte, und wir könnten das ökologische Musterland des Planeten sein. Wir Deutschen hassen den Krieg und machen trotzdem Geschäfte mit Schurkenstaaten, wir dominieren die EU, aber sind unfähig, die Banken und ihr Profitstreben einzubremsen, wir sind mittlerweile internationale Globalisierungsgewinner und fallen trotzdem auf Provinzdemagogen herein. Wir Deutschen sind nicht spaßfrei, wir sind nur ambivalent, aber auch das muss man sich leisten können. Wir nörgeln, wir meckern, wir geben bisweilen unserer Unzufriedenheit Ausdruck. Nicht weil wir böse sind, sondern weil wir uns einfach selbst genügen.

Und dann kommt eine Fußballeuropameisterschaft, und wir legen die Distanz zum Fremden einfach so ab. Denn längst haben wir als Gesellschaft akzeptiert, dass wir wie unsere Fußballmannschaft sind – bunt und nicht uni. Und für diese Erkenntnis schwenke ich die Fahne.

Oder wie mein Vater sagen würde: »Akıllı düşününceye kadar, deli oğlunu everir.« – Bis der Kluge mit dem Nachdenken fertig ist, hat der Dumme seinen Sohn längst verheiratet.

29. Juni 2012

Lieblose Liebe

M eine Cousine rief mich völlig aufgelöst an. Ich musste das Telefon auf maximale Armlänge von mir fernhalten, so schrill und verzweifelt hat sie in den Hörer gebrüllt. Sie hat ihren Sohn dabei erwischt, wie er im Internet Pornos schaute. Der Junge ist 14. Ich beruhigte sie, sagte, dass er nur sein Informationsbedürfnis befriedigt habe, und erzählte ihr von den Zeitschriften, die zu meiner Schulzeit in der Klasse kursierten: von ästhetisch fotografierten Hochglanzblättern bis hin zum Dünndruckpapier, auf dem primäre Geschlechtsmerkmale detailliert präsentiert wurden, auch in Aktion. Neugierig waren wir alle, was zwischen Mann und Frau passiert, aber diese triste Mechanik hat mich damals schon abgestoßen.

Nachdem ich meine Cousine beruhigt hatte, wollte ich selbst einmal nachschauen, was da im Web geboten wird. Vom Kurzclip, in dem sich eine Frau nackt herumwälzt, bis hin zum Dokumentarfilm, der zeigt, was Körperöffnungen alles aufzunehmen vermögen.

Ein Gedanke hat mich dann wieder versöhnt: Die Erde geht unter, und Tausende Jahre später kommen Außerirdische zu uns. Sie sichten unsere Bildarchive und sind ganz mitleidig, wie wir uns miteinander herumquälten und dazu dämliche Grimassen schnitten. »Schade, dass diese schönen Menschen nicht mehr mit sich anzufangen wussten«, werden sich die Außerirdischen sagen.

Mich fröstelt es, wenn ich sehe, wie unsere Kinder Liebe, Erotik, Sehnsucht, Liebeskummer und Glücksgefühl in der digitalen Welt vorgelebt bekommen, in der sich der Liebesakt auf lieblose Turnstunden reduziert, von Menschen, die ihn ausdruckslos vollziehen.

Anschließend ging ich ins Sportstudio. Nachdem ich mich zwei Stunden an den Geräten gequält hatte, wollte ich in der Frauensauna entspannen. Dafür muss ich an der Herrensauna vorbei. Mein innigster Wunsch, ausschließlich mit gleichgeschlechtlichen Menschen in der Sauna zusammen zu sein, hat keinen religiösen Hintergrund. Nein, ich finde das gar nicht prickelnd, wie vom Badewannenstöpsel über den verknautschten Schrumpling bis hin zur Fleischlyoner alles herumbaumelt und breitbeinig präsentiert wird.

Komisch, wir waren im Sommer im Ruhrgebiet oft nachts an den zahlreichen Seen. Niemand hatte Badeklamotten dabei, deshalb schwammen wir nackt. Wir schwammen, wir präsentierten nicht unsere Geschlechtswaffen.

Man gibt sich hin, wenn man jemanden liebt, der das verdient. Es muss auch nicht immer das Symphonieorchester im Himmel sein, das dabei ertönt, aber ohne eine kleine Violine der Liebe verkommt das, was uns von Tieren unterscheidet, zur hormongesteuerten Triebabfuhr.

Oder wie mein Vater sagen würde: »Aşk başa gelirse, akil baştan çıkar.« – Wenn die Liebe kommt, geht der Verstand.

6. Juli 2012

Schießen, nicht hupen

Welcome«, »how are you«, »nice to meet you«; das sind die Worte, die ich in Amerika am häufigsten gehört habe. Zuvor musste ich mich aber diversen Prüfungen und Kontrollen unterziehen, um überhaupt reingelassen zu werden. Auf dem Einreiseformular stand zum Beispiel: »Haben Sie jemals Drogen in Umlauf gebracht, oder beabsichtigen Sie, zum Zweck krimineller oder sittenwidriger Handlungen einzureisen?« Oder: »Waren Sie jemals oder sind Sie gegenwärtig an Spionage- oder Sabotageakten, an terroristischen Aktivitäten oder an Völkermord beteiligt?« Schokolade im Gepäck wird behandelt wie eine nukleare Waffe. Bisher konnte mir auch noch niemand erklären, warum man in der Flughafenhalle sein Mobiltelefon nicht benutzen darf.

Ich habe das mal unwissentlich getan, ein Officer schrie mich von 20 Meter Entfernung an: »Put down the phone. Put it right down. NOW!«

Willkommen im Land der 1000 Kontrollen, in dem man aber ganz easy in drei Monaten 6000 Schuss Munition im Internet bestellen und mehrere Waffen legal kaufen kann. Nach dem Amoklauf in der Nähe von Denver meinte die NRA, die Nationale Schusswaffenvereinigung: Wenn mehr Kinobesucher eine Knarre getragen hätten, wäre ein aufrechter amerikanischer Bürger in der Lage gewesen, den Irren über den Haufen zu schießen.

Dieses Land ist so voller Widersprüche, dass einem eine lupenreine Diktatur wie Nordkorea logisch erscheint. Amerika ist das Lieblingskind des Kommerzes, sein Held der Dollar. Das Erste, was ich in Amerika gelernt habe: »The best things in life are free. The better things cost you.« Ein kleines grünes Stück Papier kann Träume erfüllen. Im Land der unbegrenzten Möglichkeiten scheitert man zwar an einer Zigarette, aber umso einfacher ist es, sich bis an die Zähne zu bewaffnen. Es ist das Land mit dem härtesten Rauchverbot.

Irgendwie scheint dieses Land sowieso nur aus Verboten zu bestehen: »Don't honk« oder »Park here? Don't even think about it!«. Im Central Park in New York ist es an einigen Stellen verboten, den Rasen zu betreten, Musik zu hören, zu spucken, zu rennen oder gegen den Uhrzeigersinn zu joggen. Man kann in Hotels keine Fenster öffnen, weil es zu gefährlich ist. Es gibt fettfreie Schokolade und Stromausfälle, Antibiotika im Drogeriemarkt und Nudeln ohne Kohlehydrate.

In diesem Land zahlt man für 100 Quadratmeter Wohnfläche 45 Millionen Dollar, und zwei Straßen weiter wird ein Obdachloser in der Müllpresse zerquetscht. Hier trifft man einen 22-Jährigen ohne Krankenversicherung und ohne Beine, hier lassen sich Frauen ihre Zehen brechen, damit sie Designer-High-Heels tragen können. Und manchmal ist dieses Land nicht weit von einem Entwicklungsland entfernt.

Oder wie mein Vater sagen würde: »Parayı veren düdüğü çalar.« – Wer das Geld gibt, spielt die Flöte.

27. Juli 2012

Oder wie meine Mutter sagen würde

In letzter Zeit habe ich Zuschriften von Lesern bekommen, die wissen wollten, warum ich in meinen Kolumnen fast ausschließlich meinen Vater zitiere. Nein, meine Mutter ist nicht taubstumm oder wird unterdrückt. Sie ist eine türkische Frau, die weiß, wann es sich lohnt, etwas zu sagen. Die Rollenverteilung bei meinen Eltern ist ganz einfach: Meine Mutter hat die Hosen an, obwohl sie noch nie in ihrem Leben welche getragen hat, und mein Vater gibt keine Widerworte, weil sonst wochenlang die Küche kalt bleibt. Klare Verhältnisse also.

Nun werden Sie sagen, soll er doch seine Rechte wahrnehmen und endlich kochen lernen. Da verkennen sie jedoch das jahrzehntelang gelebte Selbstbestimmungsrecht meiner Eltern.

Ich erkläre es ein wenig verständlicher: Meine Mutter ist bei uns die Kanzlerin – quasi die Dauermutti. Mein Vater ist so etwas wie der Bundespräsident mit einem Präsidentenstuhl auf Lebenszeit. Er darf die Entscheidungen seiner Kanzlerin abnicken, nur sehr selten legt er ein Veto ein. Die Macht meiner Mutter liegt in der uneingeschränkten Entscheidungsgewalt, notfalls auch gegen die Mehrheit des Familienparlaments. Die Macht meines Vaters liegt in seiner Weisheit, er stellt den Alltag immer in den großen Zusammenhang. So bagatellisiert er Fehlentscheidungen meiner Mutter und simuliert große Harmonie zwischen den beiden.

Damit Sie einen Eindruck von meiner Mutter bekommen, zitiere ich sie mit einer ihrer Standardformulierungen: »Eine deutsche Frau führt ihren Mann vor, eine türkische Frau führt ihren Mann.« Meine Mutter kann schmerzhaft direkt sein und mit einem Satz quer zu allen anerkannten Denkrichtungen liegen. Deshalb ist sie ja auch eine Leitwölfin.

Ein Freund beschreibt das folgendermaßen: »Türkische Frauen wollen immer der Dreh- und Angelpunkt sein. Sie sind selbstbewusst, stark, erfolgsorientiert, trickreich, enorm diszipliniert und suchen stets die Auseinandersetzung. Sie sind leidenschaftlich und darin so anziehend wie anstrengend.« Ob er recht hat, kann ich nicht beurteilen, aber dass er sich auskennt, weiß ich.

Bevor mir nun Dutzende Briefe entgegenflattern, in denen man mich über die rechtlose türkische Frau aufklärt, mache ich das Fass schnell wieder zu. Nur so viel noch: Vieles auf dem Markt der wohlfeilen Gewissheiten über die türkische Frau ist oft weit weniger als die halbe Wahrheit. Damit meine ich nicht nur die Wahrnehmung der Rollenbilder von Frauen mit dem berühmten »Hintergrund«, sondern auch, wie sie ihre Beziehungen pflegen.

Meine Eltern haben wenig Energie in die oberflächliche Fassade ihres Zusammenlebens gesteckt, dafür aber alles in den Innenausbau ihrer Liebe. Meine Mutter ist die Managerin in den eigenen vier Wänden und mein Vater der Chef nach außen. Sie leben glücklich nach dem Prinzip: »Think global, act local.« Das ist der Grund, weshalb ich das Versöhnliche in den Weisheiten meines Vaters so gerne zitiere. Darin ist und bleibt er nämlich der Experte.

Oder wie meine Mutter sagen würde: »Bir evde iki horoz olunca sabah güç olur.« – Zwei Hähne in einem Haus bereiten einen mühevollen Morgen.

24. August 2012

Ein arger Wüterich

Der Köder muss dem Fisch schmecken, nicht dem Angler, lautet eine Weisheit der Werbebranche. Die Hälfte dessen, was man für Werbung ausgibt, ist rausgeschmissenes Geld, man weiß nur nicht, welche, besagt eine andere. Keine Sorge, ich will Sie nicht in die Abgründe konsumorientierter Absatzstrategien entführen. Mich bewegt etwas ganz anderes.

Nehmen wir den Zettel am Schwarzen Brett im Supermarkt oder den Aushang am Baum vor dem Haus. Auf dem einen steht: Junges Paar, Nichtraucher, sucht Zweizimmerwohnung. Auf dem anderen: Unsere Katze wird seit einer Woche vermisst. Dazu ein Bild von »Marlene«. Niemand käme auf die Idee, dass es diese Katze gar nicht gibt und dass hier Katzenfutter beworben wird. Oder dass das junge Nichtraucher-Pärchen keine Wohnung sucht, sondern dass es um einen Bausparvertrag geht.

Wie verhält es sich aber nun, wenn Vermisstenanzeigen mit Bildern von virtuellen Menschen mit einem stereotypen Text plakatiert werden, Menschen, die einen sympathisch anlächeln? So geschehen jüngst in einer Plakataktion des Bundesinnenministeriums unter der Leitung von Hans-Peter Friedrich. Die Motive sehen wirklich putzig aus. »Vermisst« werden die fiktiven Personen Ahmad, Hassan, Fatima und Tim, ein nett dreinblickender Mann, die hübsche Frau mit Kopftuch von nebenan, ein sympathischer Studententyp. Mit gekauften Gesichtern sollen die Konsumenten dazu bewegt werden, sich in ihrem sozialen Umfeld umzuschauen. Die Kampagne soll, so das Ministerium, für die Radikalisierung von Freunden, Söhnen und Töchtern sensibilisieren, wohlgemerkt ausschließlich von

Muslimen oder von jenen, die sich dem Islam zugewandt haben. In Wort und Bild wurde dabei eine fiktive Hülse geschaffen, der jede Authentizität fehlt.

Unterstellen wir einen Moment, es ginge tatsächlich um Aufklärung und Hilfe für die gefährdete Zielgruppe, jene 0,1 Prozent der muslimischen Bevölkerung. Dann stellen sich bei dieser Herangehensweise die zwingenden Fragen: Ist die Kampagne Ausdruck totaler Hilflosigkeit und purer Unfähigkeit, oder steckt doch etwas ganz anderes dahinter, eine Botschaft hinter der Botschaft? Logisch überzeugt nur die dritte Option. Auf den Plakaten der Kampagne ergänzen sich Bild und Text perfekt und teilen dem Leser unverblümt mit: Jeder kann ein Terrorist sein. In diesem Licht betrachtet sehen die Plakate aus wie Fahndungsaufrufe. Da man Fatima, Hassan und Ahmad nicht kennt – und auch den netten Tim nicht –, stehen sie stellvertretend für die muslimische Bevölkerung insgesamt. Sie geben dank des Innenministers dem islamistischen Extremismus ein Gesicht. Ganz schön clever, aber auch ziemlich leicht zu durchschauen. Was vordergründig am Fisch, also am Adressaten, vorbeigeht, kann nämlich hintergründig umso effektiver eine ganz andere Botschaft enthalten.

»Der Friederich, der Friederich, das war ein arger Wüterich«, heißt es im Struwwelpeter. Und so verkommt ein wichtiges Anliegen zu dumpfer amtlicher Propaganda.

Oder wie mein Vater sagen würde: »Her koyun kendi bacağından asılır.« – Jedes Schaf wird an seinen eigenen Beinen aufgehängt.

31. August 2012

Zum Glück wollen wir weniger

Die Post will herausgefunden haben, wo die glücklichsten Menschen in Deutschland leben. Mit der Post verbinde ich so ziemlich alles, nur nicht das Glück. Sicher meint sie nicht, dass man sein Glück kaum fassen kann, wenn man in Berlin einmal eine Filiale findet, in der die Schlange nicht die Länge der Mittagspause hat.

Laut der Studie sollen Hamburger mit den Düsseldorfern und den Dresdnern die glücklichsten Deutschen sein. In Berlin, Köln und Essen leben angeblich die unglücklichsten. Nun ja, der Hamburger ist ja schon glücklich, wenn man ihn einfach nur in Ruhe lässt, während dem Berliner zu seinem Glück etwas fehlen würde, könnte er nicht den ganzen Tag herumnörgeln.

Während ich also vor mich hinbügele und über mein eigenes Glück nachdenke, läuft im Fernseher die Ziehung der Lottozahlen. Mitgetippt habe ich nicht, ich kontrolliere nur gerne, ob meine Lieblingszahlen – Geburtstag meiner Tochter, meiner Mutter und meines Vaters – dabei gewesen wären. Bisher war das noch nie der Fall. Wie gut also, dass ich mein Glück erst gar nicht herausgefordert habe.

Eine andere Studie sagt, dass sich ab 60 000 Euro Jahreseinkommen das Glück nicht weiter nach oben bewege. Kaum zu glauben. Deshalb stelle ich mich hiermit als Versuchsperson zur Verfügung, um das Gegenteil zu beweisen. Gerne lege ich die Entwicklung meines persönlichen Glücksempfindens, losgelöst von Erwerbszwang, für Forschungszwecke offen.

Glück ist eine gute Währung mit einem schlechten Wechselkurs. Man gibt alles, aber die Glücksmomente sind rar gesät. Da hilft auch die Erkenntnis nicht, dass Glück eigentlich das Gefühl ist, selbst etwas erreicht zu haben. Selbstbestimmt statt fremdbestimmt leben, mehr Gelegenheiten als Notwendigkeiten haben, überrascht und gebraucht werden, angenommen zu werden und Dinge zu entdecken, die anderen verschlossen bleiben. Und das alles soll in Hamburg gehen, in Berlin aber nicht? Vielleicht sind wir Berliner nicht die Glücklichsten, aber die Gelassensten. Wir schaffen es locker mit nichts über die Runden. Und die, die uns regieren, haben Glück, dass wir unsere Wünsche herunterschrauben und mit dem zurechtkommen, was wir haben.

Wir Extürken kennen den Begriff Glück übrigens nicht. »Mutluluk« kommt dem zwar nah, trifft es aber nicht ganz. Wir sprechen lieber von »Kismet«. Es kommt immer dann ins Spiel, wenn wir etwas nicht erklären können. Eine höhere Macht, die ohne menschliches Zutun unser Leben grundlegend beeinflusst. Über Kismet wird deshalb auch nicht diskutiert.

Wahrscheinlich sind Türken einfach zu pragmatisch, als dass sie sich mit einem Versprechen auf das Glück einwickeln lassen würden. Mein Glück ist übrigens, was ich daraus mache.

Oder wie mein Vater sagen würde: »Talihsiz hacıyı deve üstünde yılan sokar.« – Den glücklosen Pilger beißt die Schlange auch auf dem Kamel.

14. September 2012

Der Rechtsstaat zeigt sein wahres Gesicht

Ein Freund brachte den Schinken zurück, den er am Wochenende gekauft hatte. Es handelte sich um eine Rückrufaktion, weil bei der Herstellung etwas schiefgelaufen war. Dann las ich einen Artikel über die Pannenserie einer Fluggesellschaft. Schließlich dachte ich an unseren neuen Flughafen. Es scheint, dass es das Schicksal von deutschen Großprojekten ist, dass sie zuerst nicht vom Acker kommen, länger brauchen, bis sie fertig sind, und schließlich viel mehr kosten als vorgesehen. Willkommen im edlen Klub der Elbphilharmonie und von Stuttgart 21, lieber Willy-Brandt-Flughafen.

Es ist ärgerlich, dass diese Projekte zuerst künstlich kleingerechnet werden, der Nutzen dafür riesengroß dargestellt wird und am Ende sich beides ins Gegenteil verkehrt. Das rüttelt gewaltig an meinem Vertrauen gegenüber den Institutionen, aber ich kann mit diesen Unterlassungen, Fehlern, Schlampereien und Versäumnissen mehr oder weniger gelassen umgehen. Niemand hat das mit Absicht verdaddelt, vermutlich hat man gedacht, dass das schon irgendwie gut gehen würde.

Was aber, wenn nach und nach durchsickert, dass hinter Unterlassungen und Schlampereien System steckt? Leute, die Leute kennen, die von staatlichen Stellen bezahlt werden, begehen Verbrechen. Behörden schotten sich voneinander ab, um ihr jeweiliges Revier zu verteidigen, anstatt sich um die Aufklärung von Gewaltverbrechen zu kümmern. Das Problem, das die Organisation bekämpfen soll, wird mit Mitteln der Organisation geschaffen, um den Zweck der Organisation – nämlich dieses Treiben zu bekämpfen – aufrechtzuerhalten. Zu kryptisch?

Stellen Sie sich vor, in Spanien, unserem Lieblingsurlaubsland, hätten drei Spanier zehn Jahre lang Deutsche getötet. Den amtlichen Stellen wäre bekannt, dass an einem Tatort ein Agent des spanischen Geheimdienstes anwesend war. Behörden hätten Beweismittel vernichtet, eine Kontaktperson des Terrortrios wäre Mitarbeiter des Geheimdienstes. Die Ermittlungen des Untersuchungsausschusses im spanischen Parlament würden systematisch von verantwortlichen Politikern behindert. Was würde passieren? Es gäbe eine Reisewarnung des Auswärtigen Amtes, der Botschafter würde einbestellt, die deutschen Medien würden über die spanische Scheindemokratie berichten.

Aber in Deutschland, wo wir tagtäglich vor Augen geführt bekommen, dass Gewaltverbrechen gegen Menschen mit Migrationshintergrund trotz oder gerade wegen des Handelns der Behörden möglich waren, erlebt man nur ein Achselzucken. Das erfüllt mich mit einem heiligen Zorn. Unsere Kanzlerin versprach den Angehörigen bei der Gedenkveranstaltung lückenlose Aufklärung. Was diese aber bekommen, sind ein Offenbarungseid des Staates und das sichere Gefühl, dass Dinge, die man im Rechtsstaat Deutschland für unmöglich hielt, an der Tagesordnung waren und dass nichts, wirklich rein gar nichts mehr unmöglich ist. Der NSU ist unser 11. September, nur will das noch niemand wahrhaben.

Oder wie mein Vater sagen würde: »Bilen söylemez, söyleyen bilmez.« – Die Wissenden reden nicht, die Redenden wissen nicht.

21. September 2012

Ein Arzt, der nicht behandelt

Während ich Gedanken für meine Bücher und Artikel abwäge, verwerfe, umarbeite, neu formuliere und mich schwer damit tue, die eigene Sicht anderen in gedruckter Form unter die Nase zu schieben, plagen Neuköllns Bezirksbürgermeister Heinz Buschkowsky derartige Skrupel nicht im Geringsten. Man nehme ein Thema, eines, das polarisiert, und rolle es dann unbedingt eindimensional aus. Man packe eine gewisse Expertise dazu, allerdings je einseitiger, desto besser. Ganz wichtig wäre noch, seine Ansichten in einer didaktischen Redundanz immer wieder und wieder zu wiederholen. Das lässt sich flotter herunterschreiben, als einem Thema abwägend alle Facetten abzugewinnen.

Dass so eine Haltung Widerspruch auslöst, ist Kalkül, nur so bekommt man seine zwischen Buchdeckel geklebten Ergüsse verkauft. Schließlich muss unbedingt ein Titel her – »Neukölln ist überall« –, der Autor, Thema und Inhalt den potenziellen Lesern ins Bewusstsein drückt. Blöd ist nur, wenn allzu auffällig wird, dass hier nicht ein Betroffener, ein Beobachter von außen oder ein Schiedsrichter die Feder führt, sondern ein Akteur, der im Zentrum des Geschehens sitzt und das Kunststück vollbringt, Dinge, für die er die politische Verantwortung trägt, anderen in die Schuhe zu schieben. Und um auch etwas Versöhnliches über ihn zu sagen: Bestimmt wird man betriebsblind, wenn man nur mit Menschen zu tun hat, die Probleme haben oder verursachen. Dann blendet man jene aus, mit denen man nichts zu tun hat, weil sie keine Schwierigkeiten haben.

Wie wäre es, wenn Angela Merkel ein Buch darüber schreiben würde, wie schwer sie es als Frau in der CDU hat? Oder Sigmar Gabriel, der aus dem Inneren der Troika berichtet. Klar, das hätte Unterhaltungswert, nur würde man schnell dahinterkommen, dass sie ihren Aufgaben nicht gewachsen sind, weil sie sich in weinerlicher Larmoyanz suhlen, statt zupackend die Konflikte zu lösen. Daher schreiben Politiker auch solche Bücher nicht. Bis auf Buschkowsky, der landauf, landab seinen Bezirk zum Synonym von Überfremdung, Sozialschmarotzertum, gescheiterter Integration und Bildungsarmut macht. Würden Sie zu einem Arzt gehen, der nur von den schrecklichen Krankheiten seiner Patienten erzählt und dabei vergisst, sie zu behandeln?

Überall ist eben nicht überall. Und die Klagelieder des Bezirksbürgermeisters machen nichts besser, sie bedienen nur die Vorurteile. Aber vor allem zeigen sie, dass dieser Mann zur Reduktion greifen muss, damit die komplexe Situation von Neukölln in seinen Horizont passt.

Oder wie mein Vater sagen würde: »Söz dediğin yaş deridir, nereye çekersen oraya gider.« – Das Wort ist wie nasses Leder, es lässt sich dehnen, wohin man zieht.

28. September 2012

Gefahr eines Krieges

Das Erste, was im Krieg stirbt, ist die Wahrheit. Wie ich darauf komme? Nun, ich bin zurzeit in einem Land, das sich nicht de jure, aber de facto im Kriegszustand befindet. Glauben

Sie mir, bei allem, was ich an meinem Heimatland Deutschland herumzukritteln habe, weiß ich es zu schätzen, dass dort, wo ich zu Hause bin, Frieden herrscht. Das Land, das sich gerade im Kriegszustand befindet, ist aber auch das Land, aus dem ich stamme und in dem Menschen leben, die mir viel bedeuten. Was dort geschieht, berührt mich.

Wenn Granaten über die Grenze fliegen und eine Familie auslöschen und die türkische Armee zurückschießt, macht mir das Angst. In Syrien ist Bürgerkrieg. Und wie wenig man auszurichten vermag, macht mich fassungslos. Die Regierung ließ mit scharfer Munition auf Demonstranten schießen, Geheimdienste meucheln, reguläre Soldaten bekämpfen die Bevölkerung. Demgegenüber stehen die Gegner des Regimes, die erklären, für Demokratie zu kämpfen. Blutrünstig zu sein eint beide Gruppen, so scheint es.

Nun unterstützt die Türkei halb offen die Opposition. Die syrische Armee wiederum schießt in die Türkei, in der Hoffnung, das Land in den Konflikt hineinzuziehen. Der Westen steht hinter der Opposition, diese aber wird von radikalen Kräften unterstützt, gegen die der Westen an anderen Orten auf der Welt kämpft. Russland und China stehen hinter dem Assad-Regime, weil sie befürchten, an Einfluss in der Nähe von Ölquellen zu verlieren, und der Iran fürchtet um seinen letzten Vasallen. Saudi-Arabien unterstützt die Rebellen, eine Rebellion, die man im eigenen Land mit nagelneuen deutschen Leopard-Panzern niederwalzen würde. Und die Türkei weiß, dass, wenn sie sich in einen Krieg hineinziehen lässt, ihre Energieversorgung, die sich auf den Iran und Russland stützt, gefährdet wäre.

Während alle ihre Interessen wahren, verrecken Frauen und Kinder im Kugelhagel, werden Männer zu Mördern und enden als Krüppel. Mich erinnert das an den Beginn des Ersten Welt-krieges. Jeder wusste, wo er stand, und am Ende setzte sich eine Kette von Automatismen in Gang, der sich niemand widersetzte.

Die Alternative ist die: Die Türkei marschiert in Syrien ein, die Nato leistet Beistand. Der Iran unterstützt Syrien mit Trup-pen und sperrt die Straße von Hormus, die Amerikaner kämp-fen den Seeweg frei, Israel bombardiert die iranischen Atoman-lagen, woraufhin die Palästinenser rebellieren. Es gibt Anschläge in Europa und den USA, China findet, jetzt wäre ein günstiger Zeitpunkt, Taiwan zurückzuholen, und spätestens dann ist die Rente mit 67 kein Thema mehr.

Sie denken, ich übertreibe? Hoffentlich! Denn ich denke auch an die Wehrpflichtigen in der Türkei. Und ich denke, dass niemand in diesem Konflikt die Wahrheit so gut kennt, dass er eine einfache Entscheidung treffen kann. Demokratie überlebt nicht von allein, Frieden ist zerbrechlich.

Oder wie mein Vater sagen würde: »Denize düşen, yılana sarılır.« – Wer zu ertrinken droht, klammert sich auch an eine Schlange.

12. Oktober 2012

Auf mein Kreuz ist kein Verlass

Zwei Sorten von Menschen kenne ich. Solche, die Menschen mögen, und solche, die keine mögen. Obwohl ich mich zur ersten Sorte zähle, kann ich den Argumenten der zweiten Sorte folgen. Dann gibt es noch die mit und ohne Humor. Wobei die Spaßfreien meistens unfreiwillig komisch sind.

Wenn ich wählen kann, ziehe ich die Menschenliebhaber mit Humor eindeutig vor. Die gibt es übrigens in der Politik auch, und ich empfinde die jenseits des Parteibuchs am angenehmsten. Deshalb stelle ich mir seit geraumer Zeit die Frage, warum sich dieser Typ so selten in der Politik durchsetzt.

Bald steht mir eine große Entscheidung bevor. Wen soll ich bloß wählen? Worauf ich hinauswill, ist, dass man die Leute in den Parteien nur im Paket mit den anderen, also jenen, denen man nicht begegnen möchte, bekommt. Dieses Ensemble wird dann durch eine Koalition noch unkenntlicher. Was also tun im nächsten Jahr? Ich bin für soziale Gerechtigkeit (SPD), kaufe meine Lebensmittel im Bioladen (Grüne), will nicht, dass der Staat in meinem Leben schnüffelt (FDP), lege Wert auf Familie und Werte (CDU), aber weil mittlerweile jede Partei jedem alles davon verspricht, ist aus dem Kern der jeweiligen Politik ein Etikett geworden. Parteien überleben nicht, weil sie »für« etwas sind, sondern weil sie eine eigene Ideologie haben. Auf dem Basar der Möglichkeiten kann man nur noch das kleinere Übel wählen, jeder steht bereit, sich mit jedem für ein paar Jahre ins Regierungsbettchen zu legen.

Werden die Realitäten überhaupt noch gesehen? Was nutzt eine Mindestrente, wenn ich die 40 Beitragsjahre gar nicht zusammenbekomme? Was bringt eine Energiewende, wenn dieselben Monopole den Reibach machen dürfen? Wer glaubt denn noch daran, dass man mit dem Kaputtsparen der Südländer den Euro rettet? Und finden Sie wirklich, dass wir die beste Regierung seit der Wiedervereinigung haben?

In der Nacht der Bundestagswahl 1998 habe ich vor Freude

geweint, weil Gerhard Schröder Kanzler wurde. Heute kommen mir bei der Sozialdemokratie die Tränen. Wo bitte schön sind die Visionen einer offenen Teilhabegesellschaft ohne Kontrollbürokratie, ohne Neid und ohne Ausgrenzung? Es liegt an der unglaublichen Langeweile dieser Partei, dass sie nicht aus dem Umfragetief kommt. Fast jeder der Protagonisten verschweigt die andere Hälfte der Wahrheit und hält uns für so unterbelichtet, dass wir das nicht merken. Was ich vermisse, sind Positionen, an denen man sich abarbeiten kann.

Ich bin nicht Mitglied einer Partei, in Hassliebe vielleicht mit einer verbunden. Aber es gibt sie noch, die Kümmerer, die Engagierten, die Mutigen und die Überzeugten in den Parteien. Schon allein denen zuliebe sollten die auf der Politikbühne mehr bieten als Floskeln. Zu hoffen, dass ich wieder einknicke und aus alter Treue mein Kreuz bei ihnen mache, darauf sollten die sich diesmal nicht verlassen. Etwas mehr reiner Wein, auch wenn nur alte Schläuche zur Verfügung stehen, wäre ein guter Anfang.

Oder wie mein Vater sagen würde: »Ha Ali Hoca, ha Hoca Ali.« – Ob Ali Hoca oder Hoca Ali, bleibt sich gleich.

30. November 2012

Integratives Weihnachten

Uff! Wer hat sich das eigentlich ausgedacht? Diese Rennerei, meterhohe Tannen, die weder in Wohnung noch in Baumständer passen, Geschenke über Geschenke und essen, bis man platzt. Verzeihen Sie mir meine Unkenntnis, Weihnachten ist ja nicht so ganz mein Fest. Aber war das nicht so, dass das Jesuskind in einem Stall geboren wurde und die Drei Könige Geschenke brachten? Und waren diese Geschenke nicht Gold, Weihrauch und, und, und, ach ja, Myrrhe? Klitzekleine Dinge, die locker in einem Döschen Platz hatten? Was ist im 21. Jahrhundert daraus geworden? Nicht nur, dass wir tonnenweise Geschenke kaufen oder im Internet bestellen, Gänse und Karpfen daran glauben müssen, nein, jetzt hat dieses Weihnachten sogar unsere muslimischen Mitbürger erfasst, um diesem Fest der Nächstenliebe noch eine weitere Variante hinzuzufügen. Das passiert eben, wenn Politiker ständig »Leitkultur« und »Integration« schreien.

Meine Eltern machen sich überhaupt nichts aus Weihnachten, was man ihnen auch nicht verdenken kann. Schließlich sind sie in ihrem anatolischen Dorf nicht damit konfrontiert worden. Ein bisschen beneide ich sie darum. Meine Geschwister und ich können es trotzdem nicht lassen, jedes Jahr aufs Neue Weihnachtsrituale in unser Multikultileben einzubauen. Vor einigen Jahren fing es ganz harmlos an, mit kleinen Geschenken für die Neffen und Nichten. Aus einem nicht näher bekannten Grund wuchsen diese Geschenke jedes Jahr um das Doppelte an, wobei die Anzahl der Beschenkten ebenfalls merklich zunahm. Ich meine, dass es meine drittjüngste Schwester war, die urplötzlich mit der Idee ankam, dass es doch auch schön wäre, unseren Eltern etwas zu schenken. Mein Einwand, dass wir gläubige muslimische Eltern hätten, wurde nicht nur weggebügelt, ich wurde zudem noch mit monatelanger Missachtung bestraft, als hätte ich vorgeschlagen, unsere Eltern ins Altenheim zu bringen.

Wir dürften die Geschenke bloß nicht als Weihnachtsgeschenke bezeichnen, so der geniale Einfall meiner Geschwister. So wurden aus den Weihnachtsgeschenken für meine Eltern Neujahrsgeschenke unter Muslimen, die aber trotzdem, weil es alle anderen in der Nachbarschaft auch so machten, am 24. Dezember übergeben wurden. Und weil mittlerweile auch in der Türkei überall Weihnachtsschmuck hängt und Tannenbäume schon längst dazugehören, ja, und weil meine Eltern auch an Weihnachten viel Besuch von den Nachbarn, den Kindern und Enkeln bekommen und mein Vater großen Wert auf Gastlichkeit legt, gibt es bei den Akyüns nun auch einen Weihnachtsbaum mit allem Pipapo.

Um es noch einmal verständlich zusammenzufassen: Meine muslimische Familie feiert Weihnachten mit Neujahrsgeschenken zu Heiligabend, mit einer koscheren Weihnachtsgans vom türkischen Metzger, einem Weihnachtsbaum, der für die Nachbarskinder aufgestellt wird, mit Kerzen daran, weil es so viel schöner leuchtet, und mit Weihnachtsliedern, die meine Nichten, Neffen und meine Tochter meinem Vater vortragen, um zu zeigen, was sie im Kindergarten gelernt haben. Aber eigentlich feiern wir gar kein Weihnachten, wir machen uns wirklich nichts daraus.

Oder wie mein Vater sagen würde: »Deliye her gün bayram.« – Für den Verrückten ist jeder Tag ein Fest.

21. Dezember 2012

Den Stecker ziehen

Ey, glaubst du an Liebe auf den ersten Blick, oder soll ich noch mal reinkommen?« Mit diesem Spruch versucht mein kleiner Bruder, bei Frauen zu landen. Und wenn es mal nicht klappt, bedeutet ein »Nein« für ihn auch nein. Mein Bruder ist viel zu fasziniert von Frauen, als dass er schlecht über sie reden oder sich vor ihnen danebenbenehmen würde. Gut, jetzt hat mein Bruder nicht die Aura der Macht, die bei manchem der Alphatierchen jeden Respekt im Umgang mit Frauen vermissen lässt.

Als Frau habe ich vermutlich wie nahezu alle Frauen schon Situationen mit Männern erlebt, die unangenehm waren. Die meisten konnte ich abwehren. Einmal äußerte ich impulsiv inhaltliche Kritik an einer Geschichte.

Mein damaliger Chefredakteur meinte: »Was ist denn mit dir los, bist du schlecht gevögelt?« Die männlichen Kollegen grinsten, die weiblichen schwiegen und schauten betreten auf den Boden. Und ich antwortete mit Herzklopfen: »Falls das ein Angebot war, würde ich gerne den Betriebsrat in die Verhandlungen miteinbeziehen.«

Es gab aber auch Grenzüberschreitungen, die ich erduldet habe. Weil ich noch jung war und Angst hatte, dass mich mein Chef für die Zurückweisung bestrafen könnte und mich im Job benachteiligt. Es war aber allein meine Entscheidung, den Mund zu halten.

Ich gewinne langsam die Erkenntnis, dass die drei Urtriebe des Mannes, Jagen, Sammeln und Sichfortpflanzen, sich als Relikte der Steinzeit nicht weiterentwickelt haben. Es scheint, dass

Sex und seine Anbahnung als das einvernehmliche Aushandeln von Regeln und Umgangsformen zwischen zwei Menschen auszusterben drohen. Männer berühren Frauen ohne Einladung und rauben sie emotional aus. Schlüpfrige Übergriffe und hormongesteuerte Sabbeleien führen leider auch zur pauschalen Verurteilung der Männer, die sich von den Urtrieben längst emanzipiert haben.

Interessanterweise werden bei der Geschichte um Brüderle beide Lager gut bedient. Auf der einen Seite der Reflex des Aufschreis, weil jeder intuitiv glaubt, sich vorstellen zu können, wie der angesäuselte Politiker im Ausschnitt der Journalistin versinkt. Und auf der anderen Seite die Empörten, die den Täter zum Opfer und das Opfer zum Täter machen. Wie kann die sich nur so wichtigmachen und den armen, alten Mann so böse vorführen? Alles Schlampen außer Mutti.

Die Schauspielerin Angie Dickinson soll, befragt nach ihrem Verhältnis zu John F. Kennedy, gesagt haben: »Sex mit dem Präsidenten waren die besten 20 Sekunden meines Lebens.« Souveräner kann man einem Womanizer den Stecker nicht ziehen.

Sex wird in allen Bereichen des Lebens missbraucht. Um Macht zu demonstrieren, als Potenzial zum Erpressen, zum Bloßstellen, um jemandem seinen Willen aufzudrängen, als Ausdruck von Gewalt. Wer sich einvernehmlich hochschläft, missbraucht Sex auch, als Mittel zum Zweck.

Oder wie mein Vater sagen würde: »Bir şapkanın altında iki yüz taşıyamazsın.« – Unter einem Hut kann man nicht zwei Gesichter tragen.

27. Januar 2013

Nur-Deutsche und Auch-Deutsche

Was haben wir in diesem Jahr bedeutsame Gedenktage: 50 Jahre deutsch-französische Freundschaft, 80 Jahre Machtergreifung Adolf Hitlers, 30 Jahre Die Grünen im Bundestag, 150 Jahre Sozialdemokratie. Aber die Zeit läuft ja weiter, und irgendwann werden wir uns an das Jahr 2013 erinnern. Das Jahr, in dem in Deutschland geborenen Kindern die deutsche Staatsbürgerschaft weggenommen und diese massenhaft ausgebürgert wurden. Allein schon die merkwürdige Wortschöpfung »Optionspflicht« ist in sich widersprüchlich. Da steht die erste Silbe für Wahlmöglichkeit, aber die zweite hebt diese mit Zwang wieder auf.

Sie erinnern sich? Schäuble, Koch und Konsorten mit der Unterschriftenkampagne gegen die doppelte Staatsbürgerschaft, die annullierte Bundesratsentscheidung und der Kompromiss, der die Optionspflicht beinhaltete. Sie besagt, dass Kinder, die in Deutschland geboren sind, Deutsche sein können, auch wenn es die Eltern nicht sind. Diese Regelung wurde für zehn Jahre rückwirkend ermöglicht. Nach Adam Riese müssen sich also ab diesem Jahr die ersten dieser Optionskinder, da sie nun 23 Jahre alt sind, entscheiden. Entweder sie geben die Staatsbürgerschaft ihres Ursprungslandes ab oder sie verlieren die deutsche Staatsbürgerschaft, wenn sie es nicht tun.

Es ist schon ungeheuerlich, wie sich mit einem Amtsgang die eigene Identität auflösen kann. Und genau hier liegt der Kern des Problems: Es handelt sich um eine Staatsbürgerschaft mit Haltbarkeitsdatum, einen Besucherausweis statt einer ernst gemeinten Mitgliedschaft. Mit der Lebensrealität in Deutschland hat die Optionspflicht wenig zu tun. Diese Jugendlichen, die sich nun entscheiden sollen, verstehen sich längst als multikulturelle Deutsche. Sie haben keine Oder-Identität, sondern eine Und-Identität.

Das Kind einer Migrantin zum Beispiel, die nur die deutsche Staatsbürgerschaft besitzt, muss nicht optieren. Wenn beide Elternteile EU-Bürger sind und nur das Kind deutsch, bekommt es sowohl die deutsche als auch die Staatsangehörigkeit der Eltern. Es geht aber verwaltungstechnisch noch komplizierter: Wenn man für Deutschland optiert, das Ursprungsland der Eltern die Ausbürgerung aber nicht mitmacht, wie etwa Iran oder Irak, wird die Mehrstaatlichkeit geduldet. Und wer zum Beispiel Schweizer Staatsbürger ist oder US-Bürger, ist außen vor. Wer aber Türke, Kroate oder Serbe ist und seinen Herkunftspass nicht abgibt, fliegt aus der deutschen Staatsbürgerschaft raus.

Mal ehrlich: Ist das in Ordnung, dass durch die amtliche Hintertür Ausländer erster und zweiter Klasse geschaffen werden? Außer den in Blut-und-Boden-Ideologie verhafteten Ewiggestrigen kann es doch niemand ernsthaft für sinnvoll erachten, dieses Bürokratiemonster aufrechtzuerhalten. Es stößt nämlich genau jene vor den Kopf, die Deutschland längst als ihre Heimat verstehen, aber ihre Wurzeln nicht kappen wollen.

Oder wie mein Vater sagen würde: »Zenginin sermayesi kasasında, âlimin sermayesi kafasında.« – Das Kapital des Reichen ist im Geldschrank, das des Klugen im Kopf.

6. Februar 2013

Rosenmontag im Himmel

Früher war alles besser.« Mit diesen Worten ließ mich die alte Dame aus der Nachbarschaft stehen und zog Richtung Friedhof, um die letzte Ruhestätte ihres Mannes zu pflegen. Zu Hause legte ich mich fröstelnd vor den Fernseher und zappte durch die Kanäle. Mein Wohnzimmer wurde mit rheinischem Frohsinn verstrahlt. Als ich endlich zu den Tagesnachrichten gelangte, machte sich Ratlosigkeit breit. Es ging um Anzüglichkeiten, Abschreibungen sowie plumpe Politwerbung und deren dunkle Finanzkanäle. Zum Glück dämmerte ich bei der Asiengrippe weg.

Ich träumte vom Rosenmontagsball im Himmel. Und das in Schwarz-Weiß.

Sahra Wagenknecht – nein, es war das Original, Rosa Luxemburg – lief mit Karl Liebknecht umher, und hinter mir wurde getuschelt: »Lass die mal, die zehren noch vom Märtyrerstatus.« Als ich mich umdrehte, stand dort Kurt Schumacher. »Komm, Kurti, der einzige Mist, auf dem nichts wächst, ist der Pessimist«, sagte Theodor Heuss und hakte sich unter den einzigen Arm des SPD-Nachkriegschefs. Friedrich Ebert und Gustav Stresemann saßen am ersten Tisch. »Wir haben noch für die Ideale der Demokratie mit dem Leben bezahlt«, sagte Stresemann, und Ebert konterte: »Mit dem Wenigen, was wir hatten, wollten wir viel für alle. Und heute? Da wollen sie viel für die Wenigen, die schon alles haben.«

Gleich dahinter saß Willy Brandt zwischen Josephine Baker und Marlene Dietrich. Marlene hauchte: »Der Geburtsschein ist ein Gerücht, das eine Frau durch ihr Aussehen jederzeit dementieren kann.« Josephine Baker sagte: »Ich war nicht wirklich nackt. Ich hatte nur keine Kleider an.« Die Dietrich hob ihre Augenbraue: »Die Männer beteuern immer, sie lieben die innere Schönheit der Frau. Komischerweise gucken sie aber ganz woandershin.« Willy nickte heftig und seufzte: »Jugend ist kein Verdienst, Alter ist kein Verdienst. Jugend ist ein Kredit, der jeden Tag kleiner wird.«

»Die Depressionen hat der Willy in die Ewigkeit mitgenommen«, sagte Herbert Wehner. »Die müssen auch wieder hochkommen, wenn der sieht, wen die Sozen da unten nominiert haben. Irren ist menschlich, aber immer irren ist sozialdemokratisch«, zeterte Franz Josef Strauß und reichte ihm einen Schnaps.

Plötzlich schrie Annemarie Renger auf, als ihr Wolfgang Mischnick die Hand aufs Knie legte. Johannes Rau ermahnte streng: »Ich habe große Sorge, dass eine Generation heranwächst, die von allem den Preis und von nichts den Wert kennt.« Zwei Herren kamen dazu: »Es ist schon bemerkenswert, wie man dem Zeitgeist so völlig ohne Geist nachlaufen kann«, sagte der eine. »Es ist Zeit für eine Revolution«, sprach der andere. Es waren Adenauer und de Gaulle.

Rainer Barzel riss das Wort an sich: »Freunde, heute Nacht schleichen wir in die Albträume unserer Nachfolger.« Alle jubelten. »Fangen wir sofort an. Wenn der Kettenraucher hier einzieht, wird es diesen Spaß nicht mehr geben«, meinte Wehner.

Schweißgebadet wachte ich auf. Kann es doch sein, dass die Vergangenheit zu uns Nachgeborenen spricht?

Oder wie mein Vater sagen würde: »Dünya iki kapılı handır.« – Die Welt ist eine Herberge mit zwei Türen.

11. Februar 2013

Jäger und Kuschler

Hurra, mitten im März kehrt der Winter zurück. Warum ich mich so darüber freue? Nun, wenn es draußen kalt ist, spüre ich mein Herz nicht so. Meinen Gefühlshaushalt stelle ich mittlerweile lieber in den Kühlschrank, so wie in Plastik eingeschweißten Mozzarella, der dadurch unendlich haltbar wird, aber auch nicht mehr zu genießen ist.

»Mangel an Gelegenheit ist kein Ausdruck von Sittlichkeit«, sagte einer dieser älteren Redakteure in Duisburg immer zu mir.

Jetzt, wo ich nicht mehr als Frischling durchgehe, aber auch noch keine in Ehren ergraute Dame bin, verzweifele ich ab und zu an der Unmöglichkeit, in der Zweisamkeit mehr Lebensqualität zu erreichen. Keine Sorge, hier kommt keine Befindlichkeitsbeichte unter dem Arbeitstitel »Trockengebiete«. Es ist nur so, dass den attraktiven Männern der Tick Lebenserfahrung und Verantwortungsbewusstsein fehlt und den geübten Exemplaren die nötige Power, mich jenseits der Behaglichkeit mitzureißen.

Neulich, als ich nachts nicht schlafen konnte, sah ich eine Dokumentation auf einem der Privatsender. Wissenschaftler verkabelten Frauen am Kopf und fanden so heraus, dass sie vor dem Eisprung die kantigen, urwüchsigen Typen bevorzugen. Nach dem Eisprung allerdings ziehen sie die Kuscheltypen vor. Die Evolution hat uns Frauen also eingepflanzt, dass wir in der Begehrlichkeit allmonatlich vom Jäger mit der Keule zum Brötchenholer wechseln. Ich war zwar keine Probandin dieser Studie, kann das Ergebnis aber persönlich und aus eigener Erfahrung bestätigen. Zum Paaren suchen wir uns also den Cowboy mit den Sporen, und schlummert das gute genetische Material in uns, wollen wir aus John Wayne einen Buchhalter machen, damit wir unsere Kinder in Sicherheit großziehen können.

Mal ungeachtet des Umstandes, dass es dem anderen Geschlecht dadurch nicht leichter gemacht wird, mit uns die Höhen und Tiefen des Lebens gemeinsam zu durchschreiten, frage ich mich, ob der Mann so ein Wechselbad auch durchlebt.

Pragmatisch, wie ich bin, habe ich mich mit dem Dilemma abgefunden. Die, die ich kennenlerne, sind durchweg nette, nicht ganz ausgebackene, umherschweifend Suchende. Ich bin aber kein Ausbildungsbetrieb, der aus Jünglingen Männer macht. Und die wenigen reifen und abgeklärten Exemplare sind entweder auf der Flucht vor ihrer eingefahrenen Zweierbeziehung oder suchen einen Freizeitpartner, damit sie zu zweit weiter einsam sein können.

Meine Eltern waren immer aufeinander angewiesen und mussten sich, vermutlich notgedrungen, so aufeinander verlassen können, dass sie irgendwann untrennbar zusammengewachsen sind. Die besseren Lebensumstände ersparen uns das zwar, aber dafür leben wir in der Single-Hauptstadt aneinander vorbei.

Oder wie mein Vater sagen würde: »Güneşin sana gelmesini istiyorsan, gölgeden çıkacak cesaretin olmalı.« – Wenn du willst, dass die Sonne zu dir kommt, musst du den Mut haben, aus dem Schatten zu treten.

11. März 2013

Deutsche Gründlichkeit

Bei der Debatte um das Verfahren des Münchner Gerichts zur Platzvergabe für Journalisten beim NSU-Prozess beschäftigt mich vor allem eines: Immer, wenn ich in der Welt unterwegs bin, höre ich von den Menschen, wie sehr sie uns Deutsche um unsere Konsequenz und Gründlichkeit beneiden. Wir kritisieren vehement Menschenrechtsvergehen im Iran oder das politische Harakiri in Italien, die Finanzlöcher in Griechenland, Spanien und Portugal und fordern Gerechtigkeit für eine Punkband in Russland. Das tun wir, weil wir so unendlich viel unbefangener, gerechter und unbestechlicher sind als der Rest der Welt.

Wir Deutsche sehen uns als Maßstab der Demokratie, daher dürfen wir auch China, Nordkorea und all die anderen Staaten, die in unseren Augen Diktaturen sind, von oben herab kritisieren. Nur wenn es vor unserer eigenen Haustür stinkt, werden wir plötzlich blind. In der Geschichte der NSU-Morde wurde konsequent weggesehen, vertuscht, gelogen, unterschlagen und betrogen. Ein Aufschrei der Millionen blieb aus.

Daher ist es auch nur konsequent, in unserer Kaltschnäuzigkeit den Pressevertretern des Herkunftslandes von acht Mordopfern die Berichterstattung aus dem Gerichtssaal nicht zu ermöglichen. Hießen diese klein geredeten Nazi-Morde nicht ursprünglich Döner-Morde? Jetzt wird mir auch klar, warum: Man dreht den Spieß so lange, bis auch der letzte Fetzen Glaubwürdigkeit, Anstand, Sensibilität und Moral abgeschabt ist – Chapeau, meine Heimat!

Ich überlege schon fieberhaft, wie ich dieses haarspalterische und pedantische Vorgehen bei meiner nächsten Reise ins Ausland erklären kann. Mit der gedankenschweren Variante »das hat das Gericht unabhängig entschieden« werden wir Deutsche nicht durchkommen. Das Verhalten wird uns ebenso in Gänze zugerechnet, wie wir das so gerne in der Bewertung von Vorgängen in anderen Ländern tun. Für alles gibt es eine juristische, eine politische und eine vernünftige Lösung. Als in Frankfurt am Main in den 60er-Jahren die Auschwitz-Prozesse stattfanden, hat der Generalstaatsanwalt eine Turnhalle angemietet, um ausreichend Öffentlichkeit herzustellen.

Es geht bei diesem Prozess nicht um Public Viewing, sondern um eine Öffentlichkeit, die sich überzeugen kann, dass alles mit rechten Dingen, im Sinne von Rechtsstaatlichkeit, zugeht. Statt Demut zu zeigen und aufrichtig zu handeln, machen wir Dienst nach Vorschrift. Gründlich eben, aber gründlich daneben.

Wie gut hätte es Deutschland zu Gesicht gestanden, wenn die Behörden bei der Aufklärung der NSU-Morde mit der gleichen Entschlossenheit Gesetze, Richtlinien und Regeln angewandt hätten, wie dies jetzt das Münchner Oberlandesgericht unnachgiebig umsetzt. Vertrauen wird durch nichts stärker erschüttert als durch das Gefühl, ungerecht behandelt zu werden.

Oder wie mein Vater sagen würde: »Et kokarsa tuzlanır, ya tuz kokarsa ne yapılır?« – Wenn das Fleisch stinkt, salzt man es ein, aber was tun, wenn das Salz stinkt?

2. April 2013

Lösung aller Integrationsprobleme

Ich war auf einer Theaterpremiere. Und das tat mir richtig gut, weil ich mich hemmungslos türkisch gefühlt habe. Das Stück lief im Ballhaus in Kreuzberg. Es fanden auch viele Deutsche und andere hier Hängengebliebene den Weg dorthin. Kurzum, Berlinerinnen und Berliner feierten ein Stück aus und über ihre Stadt. In »Liga der Verdammten« geht es auf den ersten Blick um den Fußballverein »Türkiyemspor Berlin«. Die mischen seit Jahrzehnten im Fußball mit – erst mit steilem Aufstieg, dann mit jähem Absturz.

Aber diesmal ging es nicht um Fußball, sondern viel mehr um die Leidenschaft, das Anrennen gegen Wände, den Mut der Verzweiflung und die Raffgier der Oberen.

Aus Bayern kenne ich das Bauerntheater. Mit großer Emphase spielen dort Halbprofis Stücke, die sich aus dem direkten Lebenszusammenhang speisen. Das ist meistens lustig, aber man versteht nicht immer alles, was mit der eigenwilligen Lautmalerei zu tun hat. Ich sage das, weil im Ballhaus so etwas Ähnliches passiert ist. Dialoge, Monologe, Begriffe wurden nicht von allen verstanden, weil sie von einer bestimmten Mimik oder mildernden Handbewegungen begleitet werden, die das Gesagte zusätzlich modulieren.

Man versteht das nur, wenn man sich emotional auch im Türkischen sicher bewegt. Die Sprache des Stücks ist Deutsch, aber sie ist eben nur Kommunikationsträger. Der zweite Kanal ist auf Türkisch, nur das wird für die anderen Zuschauer nicht gedolmetscht. Ich brauchte an diesem Abend die Übersetzung zum Glück nicht, sodass meine türkische Hälfte voll auf ihre Kosten kam.

Mich trieb das zu einer anderen Frage: Wie entwickelt sich eine Gesellschaft, die aus dem kulturellen Reichtum der Zugewanderten nichts anzunehmen vermag? Gut, der Döner hat der Currywurst den Rang abgelaufen, aber das meine ich nicht. Warum nähern wir uns nicht im Positiven an? Während ich darüber sinnierte, fiel mir auf, dass die Tochter des türkischstämmigen Regisseurs strahlend blaue Augen hat. Auch meine Tochter sieht nicht so aus, dass man sie eindeutig in das Land meiner Eltern verorten könnte.

Was tut sich da, assimilieren wir uns? Nein, erklärte mir ein Freund, der nie um eine Antwort verlegen ist. Das habe lediglich etwas mit dem Oströmischen Reich und der Herrschaft der Osmanen über weite Teile Europas zu tun. Irgendein Ahne hat wohl Gefallen gefunden am Anderssein, und das kommt bei unseren Kindern nun zum Vorschein. Plötzlich kam mir die Lösung aller Integrationsprobleme in den Sinn: die Liebe! Sie sorgt dafür, dass wir Unterschiede anziehend finden.

Die Gelegenheit, seinen Horizont zu erweitern, ist in Berlin nur ein paar U-Bahn-Stationen entfernt, dachte ich beruhigt. Meine Befürchtung, den Teil in mir zu verlieren, der mich auch ausmacht, entspricht bei anderen der Herausforderung, neue Erfahrungen zu machen.

Oder wie mein Vater sagen würde: »Dilin kemiği yok.« – Die Zunge hat keine Knochen.

13. Mai 2013

Brüste im Kopf

Dieser Weltstar, diese Ikone von Frau hat sich die Brüste entfernen lassen. Wow, was für eine Vorstellung: Lara Croft ist nun flach wie ein Brett. Wenn man manche Schlagzeilen der vergangenen Woche las, dann konnte man auf diesen Gedanken kommen.

Vor ein paar Jahren sah ich »Mr. & Mrs. Smith«, weiß Gott kein Kunstfilm, aber die Präsenz und die Körperlichkeit, die da von Angelina Jolie an den Tag gelegt wurden, haben mich umgehauen. Und dieses Prachtexemplar einer Industrie, die Projektionsflächen erschafft, die prägend auf andere wirkt, hat nun keinen Busen mehr.

Jetzt nehmen wir uns für einen Moment alle mal ein kleines Stück zurück.

Jolie wurde das möglicherweise anfällige Gewebe entfernt, wohl komplett. Das bedeutet: Alles, was in ihren Brüsten war, ist weg. Die Hülle der Begehrlichkeit ist noch da. Da ich davon ausgehe, dass Familie Brangelina nicht auf Barack Obamas Gesundheitsreform angewiesen ist, ist zu vermuten, dass bei ihr alles wieder nett anzuschauen ist.

Nun hat sie uns teilhaben lassen an ihrem Schicksal. Die Mediziner der Republik erklärten uns, dass ihr Entschluss sinnvoll gewesen sei. Und viele Männer äußerten sich zur Wichtigkeit von weiblichen Brüsten. Die Wahrheit ist leider ganz profan. Es sind die Angst vor dem Brustkrebs und die Furcht, durch die Krankheit vorzeitig aus dem Leben gerissen zu werden. Hinter alldem kommt aber auch zum Vorschein, wie Frauen aussehen sollten, um zu gefallen. Und dass eine Frau nur mit den zwei Dingern komplett ist. Die wiederum müssen nachfrageorientiert dem Gefallen der Zielgruppe an Größe, Konsistenz und Erscheinungsform entsprechen.

Meine Integration in den Arbeitsmarkt fand übrigens ohne jedwede Diskriminierung durch meine Herkunft statt. Und im Nachhinein betrachtet war das nicht Ausdruck kultureller Fortentwicklung, sondern lediglich der Tatsache geschuldet, dass meine eigene Körbchengröße offenbar so den Normen entsprach, dass Männer glatt über meine anatolischen Gesichtszüge hinwegsehen konnten. Männer sind anscheinend so sehr darauf fixiert, was Frauen vor sich hertragen, dass sie die Persönlichkeit nur erkunden, wenn da nichts wackelt. Ansonsten reicht ihnen die Visitenkarte der hervorstechenden Merkmale.

Mir kommt der bittere Gedanke, dass nicht die mögliche Krankheit, sondern das Abbild dessen, wie man auszusehen hat, im Vordergrund der Debatte steht. Wie absurd, dass der Wert einer Frau danach bemessen werden soll, was mit ihren Brüsten ist. Vielleicht hilft Jolie mit ihrer Geschichte dem einen oder anderen, sich von seiner Fixierung zu lösen. Frauen sind nicht unschuldig an diesem Bild, weil es vielen von uns megapeinlich ist, wenn unsere Brüste zu klein, zu schlaff, zu groß oder wie auch immer geartet sind.

Dort, wo Liebe ist, gibt es keine Hässlichkeit.

Oder wie mein Vater sagen würde: »Yüzü güzel olanı değil, huyu güzel olanı sev.« – Liebe nicht denjenigen mit schönem Gesicht, sondern denjenigen mit einem schönen Geist.

20. Mai 2013

Heidi Acker

Ich habe meinen Namen geändert. Nein, weder habe ich geheiratet noch eine Namensänderung beantragt. Ich mag meinen Namen nämlich sehr, weil ich weiß, wie er entstanden ist: Als nach der Republikgründung alle Einwohner der Türkei Nachnamen bekommen sollten, durften sie sich diese selbst aussuchen. Mein Großvater, ein Schafhirte, trug einen Pullover, den meine Großmutter ihm aus reiner weißer Schafswolle gestrickt hatte. Als der Beamte ihn fragte, wie er heißen wolle, sagte er: »Akyün«. Deshalb heiße ich Akyün, die reine weiße Wolle.

Der Grund, warum ich meinen Namen ändern musste, hat mit einer neuen Erfahrung zu tun. Leider zwingt sie mich, meinen Namen akustisch zu verunstalten – in Hackemüller, Acker oder, um den Sinn zu wahren, in Wollweiß. Um die komplizierte Sachlage zu verdeutlichen, muss ich ein wenig ausholen. Schon sehr lange suche ich eine Mietwohnung in Charlottenburg. Nichts Spektakuläres, nichts Luxuriöses, eine einfache Drei- bis Vierzimmerwohnung mit einem Balkon und zu einem bezahlbaren Preis. Ein Freund ist ebenfalls auf Wohnungssuche. Uns trennt das eine Chromosom sowie die Tatsache, dass er Schweizer ist und ich Deutsche. Wie es der Zufall will, haben wir uns für dieselbe Wohnung beworben. Auf meine schriftliche Anfrage gab es keine Reaktion, er bekam innerhalb eines Tages einen Rückruf, dass er sich die Wohnung anschauen könne. Dutzende Besichtigungstermine hat er schon gehabt, ich im selben Zeitraum keinen einzigen.

Ich musste also aktiver werden, verzichtete auf schriftliche Anfragen und rief die Anbieter an. Ich bekundete mein Interesse, fragte freundlich nach Besichtigungsterminen und buchstabierte meinen echten Namen. Man versprach mir, mich zurückrufen. Vermutlich war der Rückruf im erdgeschichtlichen Zeitrahmen gemeint, bis heute habe ich nichts gehört. Einen Wohnungsanbieter rief ich gleich noch einmal an, diesmal nuschelte ich meinen neuen Namen, ich sagte, Acker, Heidi Acker. Gleich am nächsten Tag durfte ich vorbeikommen. Ein Schelm, wer Böses dabei denkt.

Mein Freund hat längst seine Wohnung mit Balkon. Ich überlegte kurz, ob ich mit ihm eine Scheinehe eingehe, damit sich mein Handicap durch einen neuen Namen auf dem ohnehin schon angespannten Wohnungsmarkt wie ein Schweizer Kräuterbonbon auflöst. Der Ausländer vom Zürichsee arbeitet genau wie ich in der Medienbranche, am Gehaltsunterschied liegt es also nicht.

Zugegeben, wäre ich Vermieter, würde ich auch nicht jeden in meine Wohnung lassen. Aber warum sollte ich von vornherein bestimmte Gruppen, ohne sie überhaupt in Augenschein genommen zu haben, aufgrund des Namens ausschließen? Zieht man sich doch in der Regel mit Gehaltsnachweis, Schufa-Auskunft und manchmal sogar mit polizeilichem Führungszeugnis schon bis auf die Knochen aus. Ein befreundeter Anwalt riet mir, derartige Vorfälle zu dokumentieren und die Anbieter allesamt nach dem Antidiskriminierungsgesetz zu verklagen. Vom Schadensersatz könnte ich mir dann eine schicke Eigentumswohnung kaufen. Interessantes Finanzierungsmodell, dachte ich zuerst, aber muss man wirklich ein Recht auf eine Mietwohnung in dieser Weise durchsetzen?

Oder wie mein Vater sagen würde: »Ev alma, komşu al.« – Kaufe kein Haus, suche gute Nachbarn.

27. Mai 2013

Wir sind Istanbul

L eben wie ein Baum, einzeln und frei, und brüderlich wie ein Wald, das ist unsere Sehnsucht«, heißt es in einem Gedicht des türkischen Dichters Nâzım Hikmet. Das, was in Istanbul passiert, trifft uns deutsche Türken mitten ins Herz. Es ist mehr das Wie als das Was. Proteste gibt es in Istanbul tagtäglich gegen alles und jeden, aber die Unverfrorenheit, friedliche Bürger im Schutznebel von Tränengas krankenhausreif zu prügeln, war der sprichwörtliche Tropfen, der das Fass zum Überlaufen brachte.

Istanbul ist die gelebte Parallelgesellschaft. Ganz wenige leben im Überfluss, einige in der Mitte haben genug, und die meisten arbeiten rund um die Uhr, um zu überleben. Es ist ein Leben im Spagat. Einerseits gibt es rechtsstaatliche Reformen, dem Militär wurden Befugnisse beschnitten, und die Türkei boomt seit Jahren wirtschaftlich. Andererseits kommt bei der Mehrzahl der Menschen davon zu wenig an. Aber es ist nicht nur der wirtschaftliche Aspekt, der die Menschen wütend macht. Die Regierung mischt sich in die Belange des Einzelnen ein. Eine türkische Frau soll drei Kinder bekommen, Abtreibung wird erschwert, Alkohol wird aus dem öffentlichen Leben verbannt, religiöse Schulen werden gefördert, und man zelebriert ein Gesellschaftsbild, das weder säkular noch selbstbestimmt ist. Dazu kommt der Unmut über Megaprojekte – die dritte Bosporus-Brücke, der neue Flughafen, der Ausverkauf der Stadt, die Bauwut, die Istanbul umkrempelt und die Innenstadt für Normalverdiener unbewohnbar macht.

Wer seine Bürgerrechte in Anspruch nimmt, läuft Gefahr, sich langwierigen Prozessen auszusetzen. Das hat bei vielen zur

Folge, dass sie die verbrieften Freiheiten seltener in Anspruch nehmen. All das wurde stillschweigend erduldet, weil Politik nicht satt macht, weil man sich lieber auf sein kleines Glück konzentrierte.

Doch nun hat sich die Wut an einem kleinen Park in Taksim entzündet. Wahrscheinlich hätte sich auch das ohne großes Aufsehen erledigen lassen, wäre die Polizei nicht extrem brutal gegen die Parkschützer vorgegangen. Die Bürger zudem als Extremisten zu denunzieren war der Beginn des Zusammenschlusses der Istanbuler, egal welcher politischen Überzeugung.

In fast jeder Familie arbeitet jemand in der Verwaltung, als Lehrer, ist jemand in der Armee, hat Nichten und Neffen, die studieren, und Verwandte in Deutschland. Das politische Spektrum reicht von nationalistisch rechts bis anarchistisch links, von AKP über CHP bis in diverse Splittergruppen hinein. Auf Familienfesten wahrt man den Burgfrieden, man streitet, aber am Ende bleibt man eine Familie. Diese »Familie« wurde nun durch das harte Vorgehen der Polizei verunglimpft. Deshalb protestieren sie, die Linken, die Rechten, die Alten, die Jungen, die Türken und Kurden und sagen: Es reicht uns! Wir wollen von unserer Regierung nicht länger vor vollendete Tatsachen gestellt werden. Wir lassen uns nicht vorschreiben, wie wir glücklich zu sein haben.

»Wenn Unrecht zu Recht wird, wird Widerstand zur Pflicht«, heißt es bei Bertolt Brecht. Der Ministerpräsident sollte den unbequemen Deutschen lesen, dann könnte er vielleicht verstehen.

3. Juni 2013

Schweigen

Es war nicht ganz einfach, über die Vorgänge in der Türkei halbwegs objektiv informiert zu bleiben. Erst als alle ausländischen Sender, inklusive des chinesischen Staatsfernsehens, über die Proteste berichteten, beendeten die größten Fernsehanstalten der Türkei ihre Kochshows und Tiersendungen. Allein die Tatsache, dass zuvor einfach nicht über die Proteste berichtet worden war, stellte eine bemerkenswerte Beeinflussung der öffentlichen Meinung dar – denn in den ländlich geprägten Regionen hatte lange niemand mitbekommen, was in Istanbul und fast 50 anderen Städten los war.

Ein demokratisch gewählter Ministerpräsident hat anschließend nicht etwa zu seinem Volk gesprochen, nein, er sprach zu jenen, die nicht informiert waren, und zu jenen, die ihn mit 50 Prozent ins Amt gewählt hatten. Er bediente sich dabei einer Wortwahl, die man sonst nur aus jenen Ländern kennt, die ihre Regierung nicht wählen, sondern einen Alleinherrscher vor die Nase gesetzt bekommen. Dass andere Regierungspolitiker versuchten, die Wogen zu glätten, während überall dort, wo keine Kameras waren, weitergeprügelt wurde, konnte auch nicht übertüncht werden. Die technikaffinen Protestler stellten alles ins Netz und sorgten, wenn auch mit dem Defizit, dass nicht alles nachprüfbar war, für eine breite Öffentlichkeit.

Natürlich wurde mir in den vergangenen zwei Wochen schnell klar, dass mir die ganzen Details der Debatten in der türkischen Innenpolitik, die Personen, die Interessen und die Strömungen kaum bekannt sind. Ich bin eine bundesdeutsche Demokratin, die in den 80er-Jahren in der Arbeiterstadt Duisburg angefangen hat, sich politisch zu engagieren. Meine Generation ist die Kohl-Generation, und vielleicht ist das der Grund, warum bei mir der Wille besonders ausgeprägt ist, meine Meinung zu vertreten. Das gehört für mich nicht nur zu meinen Rechten, sondern auch zu meinen Pflichten als Demokratin.

Umso mehr hat es mich verwundert, wer in den letzten Tagen zu den Protesten alles geschwiegen hat, wer abtauchte. Auch jene, die jedes bundesdeutsche Problem skandalisieren können und lautstark ihr Recht einfordern, aber jetzt beharrlich zu den Vorgängen ihres Herkunftslandes schweigen. Ich meine nicht meinen Gemüsehändler, die Kindergärtnerin, den Schneider oder den Bundesligaprofi. Ich meine die Abgeordneten der Landtage und Bundestage, die Staatssekretäre, die Senatoren und Landesminister. Und da frage ich mich, hat man sich so sehr arrangiert, ist es schlichtweg nicht opportun, sich mit der Straße zu solidarisieren, oder steckt ein höherer Sinn dahinter, der sich mir noch nicht erschlossen hat?

Im Gezi-Park protestieren Bürger für ihre Rechte. Es kommt einem bisweilen amateurhaft, kindlich-naiv bis unbedarft vor, wie sich dort eine Haltung gegen die Staatsmacht manifestiert. Aber auch wenn Gruppen-Yoga und Tangotanzen als Protestform belächelt werden mögen – was diese Menschen unseren Politprofis voraushaben ist, dass sie zumindest wissen und äußern, wofür sie stehen.

Oder wie mein Vater sagen würde: »Hem Isa'yı hem de Musa'yı memnun edemezsin.« – Du kannst nicht gleichzeitig Jesus und Moses gefallen.

9. Juni 2013

Schrei nach Gerechtigkeit

Es gibt Situationen, da stößt man als Mutter an seine Grenzen und kommt dennoch nicht umhin, diese überwinden zu müssen. Kinder haben die Eigenschaft, einem durch einfache Fragen das Wertegerüst so sehr durchzuschütteln, dass man intensiv darüber nachdenken muss, wie man derart Grundsätzliches, jenseits von Worthülsen, glaubhaft beantwortet.

Einmal sollte ich meiner Tochter erklären, warum Menschen sterben müssen. Dann wollte sie wissen, ob ich sie eines Tages auch nicht mehr lieb haben würde, weil ich ihren Papa ja auch nicht mehr liebte. Sie konfrontiert mich mit Fragen, die nicht einfach zu beantworten sind. Aber ich merke auch, wie ihr kleiner Kopf langsam den Dingen auf den Grund geht.

Neulich stand ich mit ihr vor der Fleischtheke, dahinter ein riesengroßes Bild einer glücklichen Kuh auf der Weide. Sie schaute auf die Kuh, schaute auf das rote Fleisch in der Auslage, schaute wieder auf die Kuh und fragte: »Mami, ist eine Kuh Fleisch?« Das traf mich ziemlich unvorbereitet, und mir fiel in dieser Situation nichts Besseres ein, als geschickt das Thema zu wechseln und schnell die Fleischtheke zu verlassen. Zum Abendessen gab es Gemüse-Lasagne. Ich fragte mich, wie wohl andere Mütter mit der Aufgabe umgehen, ihren Kindern die Welt zu erklären.

Nun hat sie im Kindergarten mitbekommen, dass in dem Land, in dem ihre Großeltern, Tanten, Cousinen und Cousins leben, Menschen auf die Straße gehen, um für Gerechtigkeit zu kämpfen. Was ist Gerechtigkeit, wollte sie also von mir wissen. Gute Frage, nächste Frage, dachte ich mir. Ich habe ihr von dem

Park in Istanbul erzählt, vom Bauboom und den hohen Mieten, dass Menschen vorgeschrieben bekommen, wie sie zu leben haben. Dass eine Regierung nicht merkt, wie ihr Volk immer wütender über die Bevormundung wird.

Dass ich als Mutter sie allerdings auch zu sehr bevormunde, diesen Vorwurf konnte ich gerade noch dadurch entkräften, dass ich ihr erklärte, durchaus in ihrem Interesse zu handeln. Puh, ich war froh, dass sie nicht nachhakte und sagte, dass eine Regierung auch denken könnte, im Sinne ihres Volkes zu handeln.

Was ist Gerechtigkeit? Verteilungs-, Leistungs-, Chancengerechtigkeit? Soziale Gerechtigkeit? Auch Erwachsene sagen oft das Gleiche, meinen aber nicht unbedingt dasselbe. Manchmal ist es weiße Salbe, manchmal braucht der eine mehr als der andere, und manchmal geht es schlichtweg darum anzuerkennen, dass der andere legitime Bedürfnisse hat und diese auch formulieren darf.

Mit der Gerechtigkeit klemmt es dann, wenn die eine Seite nicht erkennt, wodurch die andere sich benachteiligt fühlt. Und dieses Unverständnis wird dadurch kompensiert, dass man erst ignoriert, dann problematisiert, stigmatisiert und schließlich sogar eliminiert.

Der Schrei nach Gerechtigkeit wird durch Tränengas, Wasserwerfer und Knüppel nicht zum Verstummen gebracht.

Oder wie mein Vater sagen würde: »Söyleyene bakma, söylenene bak.« – Achte nicht auf den, der spricht, achte auf das, was gesprochen wird.

17. Juni 2013

Brad Pitts Troja

Der Zahn der Zeit nagt an mir. Das hat weniger mit dem zu tun, was ich tagtäglich im Spiegel sehe. Nein, ich merke es daran, dass meine Tochter in die Schule kommt. Dabei war sie gefühlt doch noch gestern in meinem Bauch. Einen echten Zeitschock erlebte ich diese Woche, als meine beiden Nichten zu Besuch kamen. Die sind jetzt in dem Alter, in dem ich als Mittelstück unserer Großfamilie zusehen musste, wie die älteren Geschwister das Haus verließen, und ich ihre Aufgaben übernahm. Ich lebe nun beinahe genauso lange in Berlin, wie ich in Duisburg gelebt habe. Und wie das so ist, wenn Besuch kommt und man etwas von seiner Metropole zeigen will, merkte ich, wie viel ich selbst noch nicht gesehen hatte.

Mit Berlin fertig zu werden ist wohl bis zu meinem Lebensende nicht mehr zu schaffen.

In meinen Bemühungen, der nachwachsenden Generation ein Stück Berlin als Geschichtsort, Hauptstadt und liebenswerte Ansammlung vieler Eigenarten näherzubringen, stellte ich fest, dass beide Nichten sich total ähnlich sind. Obwohl die eine in Izmir und die andere in Duisburg aufgewachsen ist. Sie stammen von einem globalisierten, virtuellen Kosmos der Generation Facebook ab, Projektionsflächen aus sozialen Netzwerken der iPads und iPhones. Der Bezug zur realen Lebenswirklichkeit findet nur noch zwangsweise statt, da man Nahrung nicht downloaden und sich zu Orten nicht beamen kann.

Ich erinnerte mich an meinen ersten Berlinbesuch in meiner späten Jugend. Mit einem Ausflug nach Ostberlin, Palast der Republik, Fernsehturm am Alex, und wie wir den ganzen

Tag kämpften, unseren Zwangsumtausch loszuwerden. Wir haben uns die Mauer angeschaut und den ziemlich heruntergekommenen Reichstag. So etwas beeindruckt die Jugend heute nicht mehr. Für das Neue und das Echte fehlt eine Brücke ins Bewusstsein. Sie haben nicht gelernt, ihre Umwelt in der Wertigkeit auch zu erkennen, um sie dann zu hinterfragen.

So mühte ich mich ab, wenigstens die rudimentären Eckpfeiler der Historie zu vermitteln. Reichstag, Brandenburger Tor, Holocaust-Mahnmal und Reste der Mauer. Das Ergebnis suboptimal zu nennen beinhaltet Anflüge von Euphorie. Aber Madame Tussauds hat ihnen gefallen. Auch der dort ausgestellte Brad Pitt. Dass auf der Museumsinsel der Pergamonaltar und die Nachbildung des Schatzes des Priamos zu sehen sind? Uninteressant. Dass Troja und Pergamon in der heutigen Türkei liegen, löste nur ein Achselzucken aus. Dass Herr Pitt im Kinofilm »Troja« mitgespielt hat, das wussten sie allerdings. Nur den Namen von dem Typen, den er spielte, nicht.

Durch den Besuch wurde mir klar, dass es sich lohnen würde, mehr zu erfahren. Meine Tochter werde ich an all die Orte der Geschichte, der Kultur und der Kulturen schleifen. Berlin ist ein großes Reagenzglas, mit Kunstfehlern und Pannen, aber auch bahnbrechenden Fortschritten. Darüber werde ich in Zukunft an dieser Stelle mehr schreiben.

Oder wie mein Vater sagen würde: »Bilmemek ayıp değil, öğrenmemek ayıp.« – Keine Schande, nicht zu wissen, eine Schande, nicht zu lernen.

1. Juli 2013

Verfluchte anatolische Bergziegenkacke

Am Wochenende kam ich nach einem Essen zu meinem Fahrrad zurück. Ich fluchte: »Verfluchte anatolische Bergziegenkacke, schon wieder hat ein Idiot Müll in meinen Korb geworfen!« Als ich vor meinem Rad stand, merkte ich, dass es gar kein Müll war. Jemand hatte mein Rad mit buntem Krepppapier umwickelt. Rote, pinke, gelbe, weiße und blaue Papierstreifen schmückten meinen Drahtesel. Hinten im Korb lag eine kleine Box, darin ein Flugticket nach Paris.

Mein spontaner Gedanke: »Oh Gott, jemand verfolgt mich.« Mein nächster Geistesblitz drehte sich um die Frage, ob ich zur Zielscheibe einer neuen Berliner Einbruchsmasche geworden bin. Ich reise nach Paris, und in der Zwischenzeit wird meine Wohnung leer geräumt.

Wo genau verläuft eigentlich die Trennungslinie zwischen gesundem Misstrauen und blanker Paranoia? Und ist sie in einer Großstadt fließend, abhängig von der Tagesform, und wird genährt aus unseren Erfahrungen? Jemand machte sich Gedanken, um mir eine Freude zu bereiten, und ich denke nur an das Böse. Ein Freund, den ich seit Jahren zu überreden versuche, nach Berlin zu ziehen, winkt kategorisch ab: zu kalt, zu anonym, zu oberflächlich. Er bleibt lieber in seiner süddeutschen Kleinstadt. Der Mief da bedrückt ihn zwar, aber so kann er sich sein Gottvertrauen bewahren.

In Duisburg, wo ich aufgewachsen bin, schlossen wir nachts nicht einmal die Haustür unseres Zechenhäuschens ab. Weil wir uns in der Bergmannssiedlung eh alle kannten. Zudem gab es sowieso nicht viel, was man sich hätte gegenseitig wegnehmen können. Misstrauen war für mich ein Fremdwort. Duisburg wurde mir auf Dauer aber zu kuschelig und zu geruhsam, ich wollte raus, dorthin, wo man merkt, wie sich die Erde dreht. Ich ging für ein Jahr nach New York.

Muss ich in einer Großstadt wie Berlin ständig auf der Hut sein? Stets hinterfragen, welche schlechten Absichten jemand haben könnte? Wieso sind wir Großstädter so misstrauisch geworden? Ein Grund könnten tatsächlich die schlechten Erfahrungen sein. Ein Beispiel: Wenn ich in Berlin in einem Stadtteil unterwegs bin, in dem ich mich nicht gut auskenne, versuche ich Passanten zu finden, die ich nach dem Weg fragen kann. Drei Leute laufen wortlos vorbei, der vierte sagt zumindest, dass er sich nicht auskenne, und der fünfte schickt mich in die falsche Richtung.

Aber jetzt komme ich von meinem eigentlichen Thema ab. Da gibt es also jemanden in dieser Stadt, der offenbar in mich verliebt ist, mein Fahrrad dekoriert und mir eine Reise nach Paris schenkt. In jedem Hollywood-Film würde man das »Romantik« nennen. Aber ich freue mich nicht darüber, sondern bekomme schlagartig Panik. Die Schnelllebigkeit und die Vielzahl von Sozialkontakten ohne jeden emotionalen Bezug haben uns Großstädter argwöhnisch werden lassen. Wir haben den Sicherheitsmodus in Dauerstellung geschaltet.

Oder wie mein Vater sagen würde: »Korkak ne zarar eder ne kâr.« – Der Ängstliche macht zwar keinen Verlust, aber auch keinen Gewinn.

8. Juli 2013

Ach, Jungs

Ich habe eine Einladung zu einer Veranstaltung bekommen. Es ging um Benachteiligung von Frauen im Beruf und in der Gesellschaft. Ich habe abgesagt. Nicht, dass das kein wichtiges Thema wäre, aber diese immer wieder vorgetragene Benachteiligung ohne praktische Konsequenz langweilt mich. Es scheint eher, nicht die Lösung, sondern die Aufrechterhaltung eines Problems legitimiert die Existenz von Politikern. Statt mich also vom Wahlkampffeinerlei einlullen zu lassen, ergebe ich mich lieber der Großstadthitze. Politik findet auch auf der Straße statt, selbst wenn sie sich nicht direkt offenbart. Ich liebe es, mich auf irgendeine Wiese in Berlin zu legen und zu beobachten, was um mich herum passiert.

Am Wochenende war ich im Park am Gleisdreieck. Ich beobachtete eine Gruppe Jugendlicher. Sie spielten Ball. Es ging offenbar darum, den Ball so lange wie möglich in den eigenen Reihen zu halten. Die Gruppe bestand aus vier Jungen und acht Mädchen. Die Jungs hatten sich im Rechteck um die Mädchen verteilt. Ein Junge verlor den Ball, weil die Mädchen ihn so weit abgedrängt hatten, dass er ihn nur noch ungenau an seine Kumpels abgeben konnte. Zugegeben, die Jungs konnten besser mit dem Ball umgehen, aber jeder von ihnen spielte für sich. Die Mädchen dagegen organisierten sich, trieben den Ballbesitzer außerhalb der Reichweite seiner Kumpels und stoppten die Ballabgabe.

Die coolen Jungs begriffen nicht so recht, wie die Taktik der Mädchen funktionierte. Sie waren zwar beim Antäuschen, Werfen und Fangen weitaus beweglicher als die Mädchen, aber es nützte ihnen nichts. Die Mädchen spielten völlig unaufgeregt im Team, in ständiger Kommunikation, sich darin bestärkend, den Ball in den eigenen Reihen zu halten, ihn möglichst fern von den angreifenden Jungs im Kurzpassspiel untereinander kreisen zu lassen und den Jungs somit keine Angriffsfläche zu bieten. Die Jungs holten sich den Ball nur durch Einzelaktionen zurück. Den Mädchen dagegen war es unwichtig, wer von ihnen wie lange den Ball hatte. Je länger das Spiel dauerte, desto erschöpfter und verzweifelter wurden die Jungs. Sie kamen nicht auf die Idee, ihr rein auf Kraft beruhendes Spiel zu überdenken und sich mit einer neuen Taktik von der Kontrolle der Mädchen zu lösen.

Was mich faszinierte, war die Philosophie, die die Geschlechter antrieb. Die Mädchen wollten nicht verlieren und konzentrierten sich ausschließlich auf den Ballbesitz. Die Jungs wollten um jeden Preis gewinnen und powerten sich mit roten Köpfen, Fehlpässen und gescheiterten Kunststücken aus.

Die Mädchen dominierten die Partie, wogegen die Jungs vergeblich anliefen. »Mädchen sind stark, Jungs sind Quark«, riefen wir früher auf dem Schulhof. Ob die Politik wohl bald Männerförderpläne zum Wahlkampfthema machen wird?

Oder wie mein Vater sagen würde: »Her başarısız erkeğin önünde bir kadın vardır.« – Vor jedem erfolglosen Mann steht eine Frau.

22. Juli 2013

Whalewatching

Vermutlich erkennt man Urberliner daran, dass sie kleine Schwimmhäute zwischen den Zehen haben. Es gibt unzählige Seen, Flussstrandbäder und Badestellen in öffentlichen Gewässern hier. Ja, in Berlin steht einem das Wasser bis zum Hals, und im Sommer finde ich das herrlich.

Am Wochenende war ich zum ersten Mal bei vollem Bewusstsein am Schlachtensee. Das formuliere ich so, weil ich schon einmal vorher dort war, vor mehr als zehn Jahren mit einem jungen Mann. Ich weiß nicht, ob ich hier erwähnen darf, dass wir nackt ins Wasser gesprungen sind. Ein anderes Mal zählt nicht, da war ich nicht im See, sondern nur zum Essen in der Fischerhütte. Hier scheint die Zeit auch stehen geblieben zu sein. Kellner Nummer 5 ist wie eh und je pampig, knallt die Teller auf den Tisch und hat es nicht nötig, sich fürs Trinkgeld zu bedanken.

Nun also das dritte, aber richtige Mal. Was geradezu ins Auge stach, waren die unglaublich schönen jungen Menschen. In meinem Einteiler bildete ich das obere Ende der Alterspyramide ab. Damals, als knackiger Single und frischer Neuberliner, war ich leider meist am Wannsee, wobei ich doch eigentlich beim Beautycasting am Schlachtensee hätte sein müssen. Und statt mich in der Blüte meiner Jugend Männern mit Waschbrettbäuchen zu widmen, war ich am Wannsee zum Whalewatching verdammt.

Als Mutter bin ich heute häufig im Strandbad Jungfernheide. Es ist gut zu erreichen, sauber, praktisch, familientauglich und bietet für die Kleinen alles. Nur für alleinerziehende Mamis bietet sich rein gar nichts. Überhaupt fiel mir am Schlachtensee auf, wie sich die Ideale und Rituale im Laufe der Jahre geändert haben. Achselhaarperücken und Schamhaarberge sind genauso verschwunden wie das feminin erkämpfte Oben-ohne-Baden. Die Spezies der Spanner ist glücklicherweise auch ausgestorben. Nur diese Sportbekloppten, die sich auf jedem Grünstreifen als Unterhosenmodels inszenieren, sind geblieben. Diese Durchtrainierten müssen ja alle Experten im Power-Yoga sein, weil sie sonst unmöglich jeden Winkel ihres Gesamtkunstwerks enthaaren könnten. Dass Piercings und sonstiger Körperschmuck zumindest aus Edelstahl sein müssen, erschließt sich mir nun auch endlich, sonst würde er wohl anrosten. Noch ein Trend ist spurlos an mir vorübergezogen – die raumumgreifende Körperbemalung. Manch eine Badenixe hat einen halben Perserteppich auf dem Rücken. Andere die Tageskarte des Chinesen um die Ecke auf dem Unterarm. Und die letzten verbliebenen Arschgeweihe der Jahrtausendwende wirken über dem Hüftspeck mystisch dreidimensional.

So liege ich mit Lichtschutzfaktor 50 mutterseelenallein auf meiner Bastmatte und beobachte die sportstudiogestählten Musterkarosserien. Sie lassen keine Gelegenheit aus, ihre Muskelgruppen gleichsam nach einer Choreografie aus dem Anatomieatlas zucken zu lassen.

Ich bin zwar nicht vom anderen Ufer, aber definitiv liege ich immer am falschen See. Gehöre ich nicht eigentlich langsam in die Kategorie, die sich von einem Skipper mit grauen Schläfen auf einer schicken Jacht auf dem Müggelsee umherschippern lassen sollte? Stattdessen droht mir eine Zukunft, in der ich in einem gekachelten Freibad einsam meine Bahnen ziehen werde.

Oder wie mein Vater sagen würde: »Yiğit bin yaşar, fırsat bir düşer.« – Ein Held lebt lange, doch Gelegenheit bekommt er nur einmal.

29. Juli 2013

Noch nie drüben

Kurz vor meinem Urlaub besuchte mich ein Freund in Berlin. Er kam mit seinem Auto. Seit ich in Berlin lebe, besitze ich nicht nur kein Auto mehr, sondern fahre auch keines. Aber das ist eine längere und äußerst komplexe Geschichte. Jedenfalls machte ich mit dem motorisierten Freund eine Spritztour zum schwedischen Möbelhaus in Lichtenberg. Auf dem Weg zurück nach Charlottenburg verfuhren wir uns, sodass wir an einer Tankstelle nach dem Weg fragten. »Drüben war ick noch nie, da geh ick nich hin, da kenn ick mich nich aus«, sagte der Tankwart. Das erinnerte mich an die Geschichte des japanischen Soldaten Nakamura Teruo, der sich erst 1974 im indonesischen Dschungel ergab, weil er vom Kriegsende nichts mitbekommen hatte.

Urlaub machte ich dann auf einem Bauernhof im tiefsten Bayern. Nicht, dass der Öko in mir ausgebrochen wäre. Meine ganze Kindheit über habe ich die Sommer gezwungenermaßen im anatolischen Dorf meiner Eltern verbracht. Dort ernteten wir wirklich Weizen und versorgten Nutztiere. Mein Großstadtkind sollte eine echte Vorstellung von Natur bekommen, jenseits von Streichelzoo und Schrebergärten.

Nun könnte man meinen, dass man in Bayern in das Zeitalter vor der Elektrifizierung geworfen wird. Ich hatte mich darauf eingestellt, wegen meines Migrationshintergrundes Rede und Antwort stehen zu müssen, aber nichts dergleichen geschah. Nicht eine einzige Frage, woher mein Name sei, was er bedeute und ob ich zurück in die Heimat wolle. Auf dem Drei-Generationen-Bauernhof wurden wir von der Oma bis zum Enkelsohn als natürlicher Bestandteil des Alltags angenommen, und alle bemühten sich, dem Stadtkind Tierwelt und Pflanzen näherzubringen.

Sogar auf Berlin musste ich in meinem Bayernurlaub nicht verzichten. Eine Berlinerin mit Tochter war auch da. Unsere Töchter schlossen Freundschaft, wie das eben nur Kinder können. Vielleicht war es die pralle und prächtige Natur, die mich berauschte, aber mein Wunsch hielt sich in Grenzen, mit der Mutter ebenfalls einen Freundschaftsbund einzugehen.

Ich hatte aber auch keine Lust auf ihre gepflegten Vorurteile über Türken. Sie wollte wissen, wieso denn der Vater nicht dabei sei. Als ich ihr knapp sagte, dass wir getrennt seien, fiel sie aus allen Wolken. Wie ich denn die Trennung überlebt hätte? Ehrenmorde seien doch unser Scheidungsersatz. Sie ging selbstverständlich davon aus, dass unsere Eltern die Ehe von langer Hand eingefädelt hätten. Meine Berliner Mitbürgerin hat all ihre Vorurteile unbeschadet beibehalten, seit sie aus Dresden in unsere Stadt gezogen ist. Immerhin konnte ich nun in Bayern erste Überzeugungsarbeit leisten.

Wir hegen und pflegen unser Weltbild, weil jede Veränderung unser Bauchgefühl bedroht. Den Tankwart und die Frau aus Dresden gibt es en masse, auch im Westen. Die Vorurteile mögen zwar anders sein, der Mechanismus ist aber derselbe.

Oder wie mein Vater sagen würde: »Yüz dinle, bin düşün, bir konuş.« – Höre hundertmal, denke tausendmal, sprich einmal.

5. August 2013

Zuckertütenblues

S eit Samstag gehöre ich einer weiteren Minderheit dieser Stadt an: Ich bin Mutter eines schulpflichtigen Kindes. Schlägt man die Zeitungen auf, könnte man den Eindruck gewinnen, ich wäre mit meinem Nachwuchs in den Fokus der gebündelten Anstrengungen des Politikbetriebes geraten. Vertreter aller Parteien werden nicht müde zu betonen, wie wichtig es sei, jedem Kind die bestmögliche aller Möglichkeiten angedeihen zu lassen.

In Berlins Verfassung, Art. 13, Abs. 1, steht: »Jedes Kind hat ein Recht auf Entwicklung und Entfaltung seiner Persönlichkeit, auf gewaltfreie Erziehung und auf den besonderen Schutz der Gemeinschaft vor Gewalt, Vernachlässigung und Ausbeutung.« Da kann eigentlich nichts mehr schiefgehen, oder? Nun ja, Papier ist geduldig. Bildungspolitik macht aber immer noch der Finanzsenator und nicht die Bildungssenatorin. Geld ist nicht alles, aber fast alles ist ohne Geld nichts. Das macht sich schon daran bemerkbar, dass Privatschulen regen Zulauf haben.

Ist Ihnen aufgefallen, welche ökonomistische Rhetorik die Politik bemüht, um Bildungsziele zu formulieren? Da geht es um wertvolle Ressourcen, Potenziale, Humankapital, die Anforderungen der Wirtschaft. Die marktkonforme Demokratie ist auch bei den i-Dötzchen angekommen. Mit Verlaub, meine Tochter ist kein durchnummeriertes Werkstück, sondern ein eigener kleiner Mensch, dessen Einzigartigkeit sich als soziales Wesen zusammen mit anderen Kindern entwickeln soll. Die Politik redet in einer Endlosschleife über Bildung, die Eltern kämpfen ausschließlich für ihr Kind, und die Lehrer müssen versuchen, alle Ansprüche umzusetzen. Wir lassen unsere Kinder los auf ein suboptimales System, das sich nur in Zeitlupe verbessert. Meine Hoffnung ist, dass die Kinder Lehrer finden, die für sie Vorbild werden, den kleinen Menschen und ihren Besonderheiten Wertschätzung entgegenbringen, damit sie sich entwickeln können.

Bei der Einschulung stellte ich mir auch die Frage, ob Wohlstandsverwahrlosung die große Schwester von Armutsvernachlässigung ist. Während sich gefühlte 5000 Familienmitglieder, die gerade mal 70 Schüler umzingelten, Nahkämpfe um die besten Plätze und Motive lieferten und ein Blitzlichtgewitter wie bei der Berlinale stattfand, saßen die Kleinen bedröppelt in der ersten Reihe, klammerten sich an ihre prall gefüllten Schultüten und überstanden den Hype um den ersten Schultag mit ungläubigem Staunen.

Schon komisch, nirgendwo klaffen Anspruch und Wirklichkeit so weit auseinander wie in unserem Bildungssystem.

Oder wie mein Vater sagen würde: »Armut ağacı elma vermez.« – Von einem Birnenbaum fallen keine Äpfel.

12. August 2013

Schwarzradlerin

Ignorantia legis non excusat – Unwissenheit schützt vor Strafe nicht. Mich haben sie beim Schwarzfahren erwischt. Genau genommen nicht mich, sondern mein Fahrrad. Ich selbst besitze nämlich eine Monatskarte. Das Schülerticket meiner Tochter, die ein Fahrrad mitnehmen darf, hatte ich bei der Kontrolle auch dabei, nur meine dazugehörige Tochter nicht. Es wäre allerdings auch eine sehr kühne Auslegung der Beförderungsbedingungen gewesen, meine 1,20 Meter große Tochter neben mein 28-Zoll-Damenrad zu stellen. Mal ganz abgesehen davon, dass es fast Mitternacht war, als ich mich mit dem Rad auf dem Nachhauseweg befand.

Ich könnte nun Einspruch gegen das erhöhte Beförderungsentgelt einlegen, indem ich zu meinen Gunsten darlege, dass ich mein Fahrrad nur dabeihatte, weil Ersatzverkehre, temporäre Streckenstilllegungen und kurzfristige Ausfälle es bisweilen unabdingbar machen, meinen Drahtesel mitzuschleppen. Dass ich trotz Monatskarte quasi auf mein Rad angewiesen bin, um das willkürlich ausgedünnte Netz der BVG aus eigener Kraft ersetzen zu können. Und überhaupt: Kaufe ich mir eine Monatskarte für ein funktionierendes Netz oder ein Lotterielos, das mich gegebenenfalls zu meinem Zielort bringt, auch wenn für einen solchen Hauptgewinn aber keinerlei Gewähr übernommen wird? Wie wäre es deshalb einmal andersherum? Liebe BVG, bei einer Netzabdeckungsüberprüfung habe ich festgestellt, dass diese lückenhaft ist. Bitte erstatten Sie mir für den nicht funktionierenden Teil Ihres Netzes 40 Euro.

Wenn ich ein Fahrrad mitnehme, für das ich keinen gültigen Fahrausweis besitze, werde ich wegen Erschleichung einer Dienstleistung belangt. Dann ist es nur fair, den Dienstleister für seine nicht erbrachte Fahrleistung zur Verantwortung zu ziehen. Und eine andere Frage wäre auch noch zu klären. Kann ich, wenn ich eine Fahrkarte für mein Fahrrad löse, es unbeaufsichtigt die Stadt erkunden lassen? Also morgens in die S-Bahn stellen und abends wieder abholen? Oder werde ich dann verknackt, weil ich mein Fahrrad unbeaufsichtigt dem Nahverkehr ausgeliefert habe?

Es ist gewiss sinnvoll, für die Mitnahme von Rädern Regeln aufzustellen. Aber diejenigen, die aus ökologischer Vernunft auf ein Auto verzichten und mit Fahrrad und Nahverkehr große Distanzen überbrücken, werden mit unsinnigen Zusatztickets auch noch bestraft.

Dass ich nun 40 Euro abdrücken muss, weil ich das löchrige Netz der BVG aus eigener Pedalkraft überwinden wollte, nehme ich gezwungenermaßen an. Ansonsten müsste ich ja mein Fahrrad ersatzweise in Haft geben, mit der es bedroht wäre, wenn ich nicht bezahle. Das kann ich dem armen Ding wirklich nicht antun. Mehrfach herumgestoßen, durch kindskopfgroße Schlaglöcher auf Radwegen verunsichert, von Idioten in Baugruben versenkt und dadurch schon hoch traumatisiert, möchte ich meinem Schatz nicht auch noch eine Erzwingungshaft zumuten.

Deshalb möchte ich der BVG folgendes Angebot unterbreiten: Wir treffen uns heute um Mitternacht an der Glienicker Brücke, ich bringe das Lösegeld für das Rad mit und Sie übergeben mir den Wert der Minderleistung des Nahverkehrs der letzten Jahre. Mit dem Geld gründe ich dann eine Schwarzfahrer-Stiftung.

Oder wie mein Vater sagen würde: »Kulağına küpe olsun.« –
Es soll dir ein Ohrring an deinem Ohre sein.

19. August 2013

Saturn-V-Rakete

L andläufig spricht man vom anonymen Großstadtdschungel. Tatsächlich benehmen sich bisweilen einige so, als seien sie alleine auf der Welt. Anhand des Hauses, in dem ich wohne, möchte ich das einmal anschaulich erläutern.

Stellen Sie sich einfach »Das Fenster zum Hof« von Alfred Hitchcock vor. Während James Stewart eingegipst aus Langeweile den Innenhof beobachtet und so einem Verbrechen auf die Spur kommt, ereignen sich bei mir eher offensichtliche, von akustischen Klanginstallationen begleitete Inszenierungen sowie lautlose, unsichtbare und anonym aufgeführte Performance-Einlagen.

Im Hausflur unseres Vorderhauses zum Beispiel gibt es schwarze Löcher, in denen sich Materie in Antimaterie verwandelt. Alle Postlieferungen, die nicht persönlich quittiert entgegengenommen werden und mehr beinhalten als das, was der Briefkasten über den Schlitz aufnehmen kann, landen in einem Paralleluniversum. Da ich viele Bücher zugeschickt bekomme, versorge ich die Nebenwelt also mit Lesestoff.

Ähnlich kurios verhält es sich mit unserem Müll. Bis zwei Tage vor der Abholung haben wir einen perfekten kleinen Recyclinghof. Aus irgendeinem Grund, womöglich durch Außerirdische, die zivilisatorische Feldforschung betreiben, vermischen sich in letzter Sekunde die Tonneninhalte wie durch Geisterhand. Ein Hobbyforscher im Haus betreibt zudem eine Langzeitstudie, ob sich die Geräuschentwicklung einer Glasflasche beim Aufprall in der Tonne durch die Zunahme der Fallhöhe linear oder exponentiell entwickelt.

Nun haben Innenhöfe die Angewohnheit, wie Schalltrichter jedem Laut den perfekten Resonanzboden zu bieten. Berlin hat aber auch einen Sommer, dann stehen die Fenster offen. Die erhöhte UV-Bestrahlung bewirkt, dass unsere Hirne in Sonderschichten Lusthormone ausstoßen, und dieser Glückszustand lässt eine Nachbarin auch exzessiv zur Tat schreiten. Wenn sie startet, stelle ich mir immer eine Saturn-V-Rakete vor, die – was die Dauer ihres bemannten Ritts zu den Sternen betrifft – mindestens bis zum Mond und zurück fliegt. Den Landeanflug, den Eintritt in die Erdatmosphäre, das Zünden der Bremsraketen und das quietschende Ausrollen zwischen Schnapp- und Stoßatmung gestaltet sie dank ihrer Stimmbänder so fulminant intensiv, dass ich aus Anteilnahme Ingwerpastillen lutsche.

Ein Nachbar im Erdgeschoss genießt es lieber halb passiv. Wahlweise höre ich die Jingles seiner Ballerspiele oder die von ihm auf verschiedenen Internetportalen in Anspruch genommenen Videoclips, die lautstark demonstrieren, was zwei oder mehrere Körper zeitgleich miteinander anstellen können, sobald man den Aspekt der Fortpflanzung zwischen den Akteuren mal ausblendet. Um den Schall mit Gegenschall zu bekämpfen, stellt meine Nachbarin von gegenüber ihren Miniknäuel von Hund in den Flur, der dann wie die Zeitansage rhythmisch kläfft. Es kann aber auch sein, dass sie ihn dort nur an die Steckdose samt Ladegerät hängt.

Berlin, du bist so wunderbar, heißt es in einer Werbung. Kann schon sein, aber momentan wünsche ich mir die Stummfilmzeit zurück.

Oder wie mein Vater sagen würde: »Davulun sesi uzaktan hoş gelir.« – Die Trommel klingt am schönsten aus der Ferne.

2. September 2013

Oliven kiloweise

B ei mir im Kiez hat ein neuer Laden aufgemacht. Ein türkischer Supermarkt. Gut, das klingt nicht sonderlich sensationell, glauben doch viele, dass es von denen in Berlin nur so wimmelt. Aber direkt in meinem Westberliner Stadtteil, der vor Bürgerlichkeit nur so strotzt, ist das etwas Besonderes. Er ist auch nicht der übliche Krimskrams-Laden an der Ecke, sondern eine liebevolle, zum Verlaufen einladende Oase, deren Sortiment alles bietet, was den Gaumen erfreut.

Bei der Eröffnung wollte ich meine Jutetaschen mit türkischen Köstlichkeiten füllen, blieb aber gleich an der ersten Theke hängen. Dort standen Dutzende Pasten, Cremes, Dips, Käse, Oliven, eingelegtes Gemüse, gefüllte Teigtaschen und Salate. Ich stand in einer Schlange von Kunden, und die Frau, die gerade dran war, eine rot getönte Dame Anfang 50, versuchte sich in Türkisch, wie sie es wohl noch von ihrer Kappadokien-

Busreise in Erinnerung hatte. Der junge Mann hinter der Theke schlug vor, zur üblichen Geschäftssprache Deutsch zu wechseln, schließlich seien wir in Berlin und nicht in Pamukkale.

Dann kam ein junger Mann an die Reihe. Von diesem Moment an stand der Planet still. Zuerst probierte er in aller Seelenruhe vier Dips und entschied sich anschließend, von jedem 50 Gramm zu nehmen. Nachdem er sich dann ausführlichst über Herkunft, Reifegrad, Einlegeart und Stammbaum der Oliven erkundigt hatte, beschloss er, sich von den grünen und den schwarzen ohne Kern je zehn Stück abwiegen zu lassen.

Während in gewöhnlichen Supermärkten verkaufspsychologisch geschickt Lebensmittel an der Frischfleischtheke mit warmem Licht und Gemüse und Obst knackig ausgeleuchtet werden, abgepackte Lebensmittel nach ausgeklügeltem Schema in den Einkaufswagen wandern und man jede Woche einen Kubikmeter Verpackung entsorgen muss, findet hier beim Türken in den Wilmersdorfer Arkaden ein geradezu anarchistisches Gegenexperiment statt. Eigentlich könnte das herrlich sein, man muss sich nur darauf einlassen können. Denn Türken kaufen nicht in Gramm, sie ordern in Kilos und Kisten.

Wenn meine Mutter sich von meinem Vater zum Einkaufen fahren lässt, kommen sie mit einem vollgepackten Kofferraum nach Hause. Das war bei uns schon immer so, schließlich mussten sechs hungrige Kinder ernährt werden. Warum das allerdings heute, da kein einziges Kind mehr zu Hause wohnt, immer noch so ist, erschließt sich mir nicht ganz.

Außer Gold gibt es nichts, was der Türke hundertgrammweise kaufen würde. Auch würde er niemals Wassermelonen halb und Schafskäse in Scheiben nehmen. Bei Türken gibt es keine Single-Dosengerichte; schon gar nicht verkaufen sie halbe Brote, und zweimal nicht das vom Vortag zum halben Preis.

Den jungen Mann von der Pastentheke traf ich später beim Gemüsestand wieder. »Zwei Zwiebeln, eine Stange Lauch, eine grüne Paprika, eine Knoblauchzehe und fünf Zweige Blattpetersilie«, hörte ich ihn beim Vorbeigehen sagen. Es hätte mich wirklich nicht gewundert, wenn er noch 50 Milliliter Olivenöl bestellt hätte. Aber das gab es zum Glück für die Verkäufer nur in Flaschen und Kanistern. Die Bedienung lachte, als ich die Stirn runzelte.

Hier wächst also zusammen, was zusammen kauft. Manchmal ist eine Parallelgesellschaft nicht nur von Nachteil.

Oder wie mein Vater sagen würde: »Tatlı yiyelim, tatlı konuşalım.« – Süß lass uns essen, süß lass uns reden.

30. September 2013

Na los, hopphopp!

Ich laufe wieder. Nicht von A nach B. Auch nicht vor etwas weg. Nein, ich laufe, und es ist leider überhaupt nicht sinnvoll. Es brach aus mir heraus, als ich am Marathonwochenende S-Bahn fuhr. Sie war voll mit Hunderten von Menschen, die mal eben so 42 Kilometer hinter sich gebracht hatten. In dieser Stadt scheint jeder und jede eine Dauerläuferkondition zu haben, nur ich hole mir beim Couchsurfen gleich eine Sehnenscheidenentzündung und bin schon atemlos nach dem Benutzen der Rolltreppe. Also riss ich mich zusammen, holte die Joggingschuhe heraus und begann meinen langen Lauf zu mir selbst.

Wenn an etwas zu denken (»Ich muss Sport machen«) Kalorien verbrennen würde, könnte ich mir die ganze Mühe sparen. Aber intensives Denken senkt bei mir den Blutzuckerspiegel so sehr, dass ich Schokolade, Börek, Käsekuchen und Knoblauchwurst essen muss. In dieser Reihenfolge. Leider landen die Abbauprodukte des Verzehrzwangs sofort auf meinen Hüften, was sofort das schlechte Gewissen aktiviert, sodass ich doch real laufen muss.

Eigentlich ist Berlin ein Läuferparadies, und es mangelt wahrlich nicht an Möglichkeiten. Wenn ich zum Beispiel aus meiner Haustür komme und linksherum laufe, lande ich schon nach kurzer Zeit im Tiergarten. Wenn ich rechts abbiege, bin ich schon fast im Schlossgarten Charlottenburg. Aber nicht gleich übertreiben, dachte ich mir und lief schräg geradeaus zum Lietzensee, der Krummen Lanke für Sportmuffel. Schon nach zehn Minuten kam es mir vor, als ob jemand Betonplatten an meine Oberschenkel geschnallt hätte. Meine Lungen fühlten sich an, als ob ich, die Nichtraucherin, ausschließlich filterlose Maisblattzigaretten aus Frankreich rauchen würde. Als ich mich gerade im eigenen Elend suhlte, zog eine Rentnerin mit ihren Nordic-Walking-Stöcken an mir vorbei. Nach Duran Adam, dem stehenden Mann vom Taksim-Platz, nun also Duran Hatice im Lietzensee-Park.

Ich hielt an und dachte nach. Lief ich für meine Gesundheit, für meine Figur, für mein Wohlbefinden, für mein gutes Gewissen oder rannte ich gar gegen mich selbst an? Es ist schon seltsam, was Menschen tun, um die Gegenwart für die Zukunft zu konservieren. Meine türkischen Hüften wollen, dass meine

Kleidergrößen analog zu den Lebensjahren mitwachsen. Mein deutsches Empfinden für Ästhetik und Körpergefühl weigert sich aber, das kampflos hinzunehmen.

Wieder zu Hause, telefonierte ich entmutigt mit einem Läuferfreund. Er erzählte mir eine Geschichte: Als der Leopard an das Zelt kam, zog der eine Mann die Sportschuhe an. Der andere fragte ihn, ob er ernsthaft vorhätte, vor dem Leoparden wegzurennen. Da entgegnete der Erste: »Das brauche ich gar nicht. Es reicht völlig aus, schneller als du zu sein.«

Also lautet das Motto meines Sportprogramms für diesen Herbst, die eigene Mitte zu finden.

Oder wie mein Vater sagen würde: »Sen işe nasıl bakarsan, iş de sana öyle bakar.« – Wie man die Aufgabe ansieht, so schaut sie auch zurück.

7. Oktober 2013

Herbstnörgelei

Meine Sommerwallungen sind nun merklich heruntergekühlt, und bevor es in die Winterdepression geht, gibt es noch ein kleines Zwischentief – die Herbstnörgelei. An jeder Ecke bekomme ich mit, wie sich Leute wegen Kleinigkeiten in die Wolle kriegen. Ich denke darüber nach, mich gegen Grippe impfen zu lassen, doch vielleicht wäre eine Spritze gegen das sich epidemisch ausbreitende Gemaule zweckmäßiger. Leider bin ich dagegen auch nicht immun.

»Ische, hör uff mit dit Jeseiere«, schleudert mir der Berliner bestimmt jetzt entgegen.

Dabei will ich mich gar nicht wutschnaubend entladen, sondern meine Mitmenschen höflich auf ihre Verhaltensweisen aufmerksam machen. Die Idee kam mir, als ich im Internet diese Seite sah, auf der essende Menschen in öffentlichen Verkehrsmitteln gezeigt werden. Nichts gegen ein gemütliches Picknick im öffentlichen Raum, im Park beispielsweise, aber muss die Süßsauer-Soße aus der tropfenden Pappbox in der überfüllten U-Bahn auf meiner Jacke landen? Oder Dönerstücke auf der Sitzbank der S-Bahn?

Meine Mitfahrgäste möchte ich freundlich davon in Kenntnis setzen, dass es strategisch sinnvoll ist, zuerst die Aussteigenden aussteigen zu lassen, bevor man einsteigt. So ersparen Sie sich und uns blaue Flecken, Beulen und schlechte Laune. Den Einsteigern möchte ich zusätzlich nahelegen, sich im Wageninneren dort zu platzieren, wo Platz ist. Das Verharren an Ort und Stelle ist vergebens, es kommt kein Platzanweiser, der Sie zum reservierten Sitz begleitet.

Die Bahn hat die Bahnsteige auch nicht so breit gebaut, damit jeder seinen Koffer quer zum Bahnsteig stellen kann. Wenn es sich jetzt noch herumsprechen würde, dass Koffer, die längs zum Bahnsteig gestellt werden, anderen Fahrgästen Platz zum Durchlaufen lassen, wäre das eine kleine Einsicht des Einzelnen, aber ein Riesenfortschritt für die Menschheit.

Das System der Rolltreppe funktioniert ebenfalls in jedem Winkel der Erde, nur nicht in Berlin. Ich erkläre es aber gerne noch einmal: rechts STEHEN, links GEHEN. Der fabelhafte Trick dabei ist, dass man auch dann gemütlich stehen darf, wenn andere in Eile sind und vorbeikommen müssen. Das Im-Weg-Stehen bremst unnötig den Elan unserer Metropole.

Apropos Metropole: Liebe Touristen, bitte vermeiden Sie, in einer Viererkette über den Gehweg zu laufen. Bleiben Sie bitte auch nicht abrupt stehen, sodass uns der Touri-Rucksack ins Gesicht knallt. Wir verstehen, dass Sie vom Flair unserer Stadt beeindruckt sind, aber müssen Sie komplett ignorant gegen Einwohner mit Pflichten sein? Berlin hat nicht nur eine Verpackung, sondern auch Inhalt – nämlich uns.

Meine Lieblinge sind jedoch die Mountainbiker mit ihren Riesenkopfhörern. Ich bewundere ihre filigrane Umfahrung anderer Verkehrsteilnehmer in Schallgeschwindigkeit. Dass sie im Dunkeln ohne Licht sehen können, macht mich neidisch. Aber ich sorge mich um sie. Hoffentlich haben sie einen Organspendeausweis.

Oder wie mein Vater sagen würde: »Can çıkar, huy çıkmaz.« – Das Leben geht vorüber, die Gewohnheit nicht.

21. Oktober 2013

Asyl bei mir

Ich habe mein Gästezimmer gelüftet, das Bett neu bezogen und mein WLAN-Passwort geändert. Man weiß ja nie, wer so alles demnächst in Berlin aufschlägt. Ganz getreu dem Motto »Der beste Beweis für die Absicht ist die Tat« würde ich Edward Snowden sofort aufnehmen. In keiner anderen Stadt kann er besser untertauchen als bei uns. Und sieht er nicht genauso aus wie ein Neustudent, Start-up-Unternehmer, Kulturmigrant,

Selbstverwirklicher oder Hertha-Fan? Gut, eine neue Identität und einen neuen Pass brauchte er schon.

Da reist also ein Ein-Mann-Ausschuss für Bürgerrechte namens Christian Ströbele mal eben nach Moskau, um den amerikanischen Staatsfeind Nummer 1 zu treffen. Zu jenem Mann, ohne den wir nicht wüssten, dass wir seit Jahren eine digitale Besatzungszone sind. Sie kennen das ja, wer gegen den Strom schwimmt, wird zuerst ignoriert, dann problematisiert, stigmatisiert oder schließlich zum Verbrecher erklärt. Mit seiner Salami-taktik, was die Veröffentlichung von Informationen angeht, hat Snowden den Spannungsbogen bislang gehalten. Wenn nun sogar Konservative wissen möchten, welche Unmöglichkeiten sonst noch möglich gemacht wurden, fordere ich: Holt den Kerl zu uns nach Berlin!

Natürlich wäre es für ihn zunächst ein Kulturschock. Während die Amis, vorwiegend in Las Vegas, alles Geschichtsträchtige aus Old Europe nachbauen, stecken bei uns hinter der Fassade echte Geschichte und Entwicklung. Zugegeben, das Disney-Stadtschloss zählt nicht dazu. Wenn Edward Schönheiten wie Charlottenburger Schloss, Domäne Dahlem, Kottbusser Tor, Helmholtzplatz, Oranienburger Straße und Alex samt Alexa gesehen und die extralange Spreefahrt hinter sich hat, wird er erkennen, dass er in Berlin seine Identität leben, wechseln oder anonym in Parallelwelten existieren kann. Ich führe ihn gerne ein in die Lebenswirklichkeit des digitalen Prekariats.

Um von der Hand in den Mund zu leben, braucht es auch nicht viele Datenspuren. Tauschhandel, Schwarzarbeit, Second-handluxus und Handschlaggeschäfte sind hier seit Jahren im Vormarsch. Nicht der eigene Besitz ist in Berlin entscheidend, nein, die Verfügbarkeit von Sachen, die Zweiten und Dritten gehören, aber keine Spur zu einem selbst hinterlassen. Die Amis werden ihn in Berlin niemals aufspüren, und meine Nachbarn mischen sich sowieso nie in etwas ein. Überhaupt: Versteinertes Schweigen ist in Berlin Staatsräson. Hier wird dichtgehalten, nichts dringt nach außen. Damit er endgültig vom Radar verschwindet, machen wir Edward zum SPD-Mitglied. Beim Chefschweiger im Roten Rathaus kann er zusätzlich ein Praktikum absolvieren und lernen, wie man sich tot stellt oder in Berliner Luft auflöst.

Du kommst als Fremder und gehst als Freund, heißt es bei den Türken. Wenn Edward doch mal Heimweh haben sollte, gehe ich mit ihm zu meinem türkischen Burgerladen. Da muss er nur »mit alles« akzentfrei herausbekommen, und niemand käme auf die Idee, dass er der meistgesuchte Mann der Welt ist.

Oder wie mein Vater sagen würde: »Doğru söyleyeni dokuz köyden kovarlar.« – Wer die Wahrheit sagt, wird aus neun Dörfern verjagt.

4. November 2013

Oje, Reihenhaus!

Was ist nur aus mir geworden? Da verlasse ich die Enge meiner Zechenhaussiedlung in Duisburg, um etwas aus meinem Leben zu machen, stürze mich in Großstädte und Metropolen, wohne in Wohngemeinschaften, unter eheähnlichen Umständen, in engen Single-Apartments und hippen Altbauperlen, um am Ende wieder dort zu landen, von wo ich einst geflohen bin: in einem Reihenhaus mit Parkbucht für den Kombi, Kugelgrill und geschotterter Einfahrt. Ja, ich denke ernsthaft darüber nach, in ein Reihenhaus zu ziehen. Weil mir dieses Wort allerdings nicht so locker über die Lippen geht, erzähle ich Freunden lieber von dem Townhouse im übernächsten aufsteigenden Viertel von Berlin.

Das muss es wohl sein, das gesetzte Alter, über das die Mittvierziger sprachen, als ich, die Mittzwanzigerin, schwor, alles zu tun, um niemals so zu werden. Es fühlt sich an, als ob sich ein mir bislang verborgener Automatismus kurz vor meinem 45. Lebensjahr den Weg in mein unabänderliches Schicksal bahnt. Meine Berliner Umgebung färbt so stark auf mich ab, dass ich mich dem Sog offenbar nicht entziehen kann. Aber das Eigenartige ist, dass mich die Vorstellung überhaupt nicht abschreckt. Ganz im Gegenteil, sie ist sehr wohlig und heimelig.

Bisher wollte ich nie mit den Wölfen heulen, egal, ob in Wohnquadraten hochkant, mehrgeschossig oder parzelliert nebeneinander. Die Normierung in einer vorgeformten Umgebung betrachtete ich als Kapitulation gegenüber dem Ikea-Katalog samt den einheitlichen Möbeln, Produkten der Firma Apple nebst den Style-Beilagen und dem sanften Zwang, den Kühlschrank mit Bioprodukten zu bestücken. Und nun denke ich: Sind wir nicht alle ein bisschen Reihenhaus? So werden meine Zweifel wenigstens ein bisschen erträglicher.

Mir ist aufgefallen, dass es in Berlin drei Überlebensstrategien gibt: Man gehört zu der einprozentigen Krume, die das ganze Jahr als nie enden wollenden Sylt-Urlaub inszeniert. Berlin mag die eigentlich nicht, lässt sie aber gewähren, weil sie davon ablenken, dass wir im Grunde unseres Herzens nichts mehr wollen, als in Ruhe abgeschottet nebeneinanderzuleben. Die zweite ist, regelmäßig kleinere Brötchen zu backen, lauter Kompromisse zu schließen und außerhalb Berlins den Weltstädter raushängen zu lassen. Und die dritte Strategie ist, aus der Ausnahme die Regel zu machen, zwischen den Stühlen zu kauern, um sich eines Tages entweder über die erste Option, zu dem einen Prozent zu gehören, den teuer erkauften finanziellen Freiraum zu schaffen oder infolge eines Ermüdungsbruches doch den Weg in eine überschaubare, aber geordnete Existenz anzutreten.

Doch in welche Richtung man sich auch bewegen möchte oder kann – um seine Träume verwirklichen zu können, sollte man vorher aufwachen und es zumindest versuchen, sie umzusetzen. Manchmal ertappe ich mich dabei, dass mir viele meiner Träume abhandengekommen sind. Vielleicht ist es aber auch nur ein Zeichen dafür, dass ich endlich in Berlin angekommen bin.

Oder wie mein Vater sagen würde: »Hareketten bereket doğar.« – Sich regen bringt Segen.

18. November 2013

Blätter am Baum

Und sie bewegt sich doch, unsere kleine Hauptstadt. Langsam, fast unmerklich und dennoch unaufhörlich. Am Wochenende war ich zur ersten zentralen Einbürgerungsfeier der Stadt oder, präziser gesagt, des Bundeslandes Berlin, eingeladen.

Knapp 6400 Berlinerinnen und Berliner haben letztes Jahr ihr Anrecht wahrgenommen und sind deutsche Staatsbürger geworden. Herzlich willkommen im Klub! Da sie die formalen Voraussetzungen erfüllen, wollen sie auch verbriefte Deutsche sein. Das wurden sie nun mit dem Erhalt der Einbürgerungsurkunde. Als Bewunderer der Präzision der deutschen Sprache habe ich mich aber schon gefragt, warum man dieses Schriftstück so nennt.

Bürger waren sie doch vorher auch schon. Spracherwerb, Straflosigkeit, Integration in den Arbeitsmarkt und langjähriger Aufenthalt machte sie längst zu erfolgreichen Bürgern. Nur der fehlende deutsche Pass unterschied sie von uns.

Während sich 50 ausgewählte Neupassträger im Festsaal des Abgeordnetenhauses aufgeregt gegenseitig fotografierten, erinnerte ich mich an meine eigene Einbürgerung in Duisburg. Sie ist zwar schon zwei Jahrzehnte her, aber bis heute ist sie mir präzise in Erinnerung geblieben. »Wie kannst du so herzlos sein und deine Identität aufgeben?«, hatte mein Vater damals noch geschimpft. Einige Jahre später saßen wir mit dem Rest der Familie wieder im Rathaus und holten für sie die Urkunden ab. Ab nun waren die Akyüns Türken mit deutschen Pässen. So nannte man eingebürgerte Ausländer damals noch.

Mit meiner Einbürgerungsurkunde bekam ich auch ein Geschenk von der Stadt Duisburg überreicht, eine Stadtrundfahrt. Sie schenkten also einem Mädchen aus dem Ruhrpott, das in Duisburg-Marxloh aufgewachsen war und das sein ganzes Leben in dieser rußgeschwärzten Stahlstadt verbracht hatte, eine Stadtrundfahrt für das einzige Fleckchen Erde, auf dem es jede Straßenlaterne mit Vornamen kannte. Deutsche können manchmal so ungewollt komisch sein, dass es einen anrührt.

Gerührt war ich übrigens auf der Feier im Abgeordnetenhaus auch, als ich in die Runde blickte. Emmanuel, Sohn von Griechen, in Deutschland geboren, griechisch-orthodoxer Priester; Carlos aus Ecuador; David aus den USA, jetzt Unidozent in Berlin; Liliya, als Studentin aus Bulgarien gekommen, heute Juristin. Quer über den Globus verteilt liegen die Wurzeln der neuen Deutschen. Was kann uns also Besseres passieren, als mit ihren Blickwinkeln von außen unsere Innensicht zu ergänzen?

Und während wir nach kurzen Reden und launiger Musik an Tischen mit Blumengestecken und Deutschlandfahnen die dritte Strophe unserer Nationalhymne vor uns hingrummelten, dachte ich, dass nicht die Nationalität den Menschen ausmacht, sondern die Menschen der Nation Inhalt geben. Wenn wir das doch nur als Stärke unserer Stadt annehmen und leben würden, dann wären wir ein gutes Stück weiter.

Oder wie mein Vater sagen würde: »Ağac dallarıyla gürdür.« – Ein Baum ist mit seinen Blättern stark.

25. November 2013

Tor zu Welten

Neulich traf ich zufällig einen Bezirksbürgermeister. Er erzählte mir von Jugendlichen in seinem Bezirk, die dort geboren seien, aber noch nie das Brandenburger Tor gesehen hätten. Als Schülerin wären mir viele Museen und Wahrzeichen im Ruhrgebiet fremd geblieben, wenn unsere Lehrer nicht Ausflüge dorthin organisiert hätten. Vielleicht, weil sie ahnten, dass wir, die Ausländerkinder, diese Orte sonst nie besuchen würden. So schlug ich dem Bezirksbürgermeister vor, dass Schulen Ausflüge zum Brandenburger Tor organisieren.

Zu Hause dachte ich noch einmal an das Gespräch. Ich selbst habe auch nur einen Bruchteil dessen gesehen, was in Berlin gemeinhin als sehenswert gilt.

Ich war noch nie in Köpenick, Hohenschönhausen oder Reinickendorf. In Friedrichshain war ich nur einmal in einer Kneipe, das ist aber schon wieder zehn Jahre her, und in Pankow nur, weil ich von der Bekannten einer Bekannten zum Gartenfest eingeladen worden war. Wieso wundere ich mich also, dass Jugendliche aus dem Wedding noch nie am Brandenburger Tor waren?

Meine Berlinbesucher liegen im Vergleich zu mir kilometerweit vorne. Jedes Mal, wenn der süddeutsche Freund herkommt, hat er zwei oder drei Orte, die er sich vornimmt. Ein altes Kino im Wedding, eine Fabrikanlage in Adlershof, irgendeine Fotoausstellung in den Nordischen Botschaften, einen Friedhof mit den Heroen der Zeitgeschichte.

Dann fiel mir die Lösung ein: Wenn die jeweiligen Kiezkenner und Kiezkönner Stadtteilsafaris durch ihren Bezirk organisieren würden, könnten wir jenseits der Zuschreibungen von »in« und »out« die vielen liebenswerten Ecken unserer Stadt kennenlernen. Und umgekehrt zeigen wir den anderen unseren ganz persönlichen Kiez. Und bei der Gelegenheit könnte man all jenen Jugendlichen, die von ihrer Stadt nur den Schulweg und die Sicht aus dem Fenster der Elternwohnung kennen, den Blick öffnen und sie mit Neugier anstecken.

Jahr für Jahr bricht die Stadt Übernachtungsrekorde. Wie

wäre es also mit selbst organisiertem Binnentourismus? Jetzt in der dunkelnassen Jahreszeit könnte man die Einrichtungen drinnen aufsuchen, wenn es wieder hell wird, kommen die Plätze, Parks und interessanten Gebäude dran. Damit das aber nicht wieder am Geld scheitert, könnte man einen Wochentag zum Tag des Nachbarschaftsbesuchs erklären. Jeder kann zwei oder drei Einheimische auf seiner Eintrittskarte mitnehmen und ihnen seine Museen, Ausstellungen und besondere Orte zeigen. Oder wir verkünden eine Jahresrallye: Jeder, der zehn neue Orte kennenlernt, bekommt sein Eintrittsgeld zurück.

Berlin ist zum Glück nicht eintönig. Es gibt jede Menge Potenzial, um den öffentlichen Raum der Öffentlichkeit zurückzugeben. Das kann man nicht verordnen, sich aber vornehmen.

Oder wie mein Vater sagen würde: »Komşunun tavuğu komşuya kaz görünür.« – Das Huhn des Nachbarn sieht für den Nachbarn wie eine Gans aus.

2. Dezember 2013

Weihnachtstraumata

Weihnachten löst bei mir gleich drei Traumata aus. Als anatolisches Gastarbeiterkind musste ich jahrelang darauf verzichten, bis meine Geschwister und ich uns Weihnachten gegen unsere Eltern erkämpften. Wir wollten das auch haben, mit allem Drum und Dran. Und hier beginnt mein zweites Dilemma: Ich habe eine millimetergenaue Vorstellung davon, wie Weihnachten sich anfühlen muss. Aber das Schlimmste: Immer um Weihnachten herum bekomme ich höllisches Heimweh nach Duisburg, und ich möchte wieder Kind sein.

Fressbuden, Glühweinstände und Gedöns, das niemand wirklich braucht – das ist mein vorläufiges Fazit der diesjährigen Weihnachtsmarktsaison. Selten hat mich das so vor den Kopf gestoßen wie dieses Mal. Liegt das an meiner hartnäckigen Erkältung? Oder doch am rot eingefärbten Glykolalkohol aus dem Kanister, den ich nicht als Glühwein einzuordnen vermag? Fehlen die Kollegen, mit denen man früher noch ein Heißgetränk mit Schuss genommen hat, um entspannt nach Hause zu schlendern? Oder will in dem Rummel einfach keine besinnliche Stimmung aufkommen?

Gut, der Weihnachtsmarkt am Schloss Charlottenburg nimmt einem mit der Schloss-Illumination kurz den Atem. Wirklich nett, aber leider auch nichts, um mich in dauerhaft gute Laune zu versetzen. Mir erschließt sich einfach nicht, warum man für den Weihnachtsmarkt auf dem Gendarmenmarkt Eintritt bezahlen muss. Es ist nur ein Euro, aber dafür kostet auch alles andere im schicken Mitte das Doppelte. Was aber genau das sein soll, was auf der Wilmersdorfer Straße angeboten wird, bleibt mir ein Rätsel. Vielleicht liegt der tiefere Sinn darin, Holzbuden mittig auf die Straße zu stellen, damit die Leute in die Geschäfte ausweichen. Meine größte Hoffnung liegt auf dem Weihnachtsmarkt in der Domäne Dahlem. Aufwärmen im Herrenhaus bei Gänsekeule und Glühwein und für die Kinder Basteln, Kerzenziehen und Baumschmuck aus Bienenwachs.

Mir kann es im Moment aber auch niemand recht machen. Und da kommt mir der Gedanke an zu Hause. Weihnachten war für meine Eltern eine Art vorgezogenes Silvester mit Baumdeko. Die deutschen Nachbarn sollten sehen, dass auch wir als Muslime Freude am Christenfest hatten, ohne es zu sehr verherrlichen zu müssen. Eine Gelegenheit, das Haus zu putzen, Unmengen Essen zu kochen. Sogar den obligatorischen Weihnachtsfamilienstreit hatten wir verinnerlicht. Alle offenen Rechnungen, unausgetragenen Konflikte und Missverständnisse kamen auf den Tisch.

Wahrscheinlich geht mir heute genau das gegen den Strich. Zu viel Konsens, zu viel Eintracht, zu viel so tun, als ob. Ich glaube, ich muss diese Woche einigen Mitmenschen mal so richtig meine Meinung sagen. Wenn ich zum Jahresende meine inneren Zählerstände ausgenullt habe, dann fühlt sich Weihnachten bestimmt wieder wie etwas an, das einem Hoffnung gibt.

Oder wie mein Vater sagen würde: »Her bulutta yağmur olmaz.« – Nicht jede Wolke bringt Regen.

9. Dezember 2013

Not macht erfinderisch

Als ich jetzt meine Heizkostenjahresabrechnung bekommen habe, war das wie eine Bonuszahlung. Die satte Summe von 471 Euro erhalte ich zurück. Bevor ich aber der Versuchung nachgebe, sofort mein persönliches Investitionsprogramm aufzulegen, halte ich kurz inne.

Mein Energieeinsparvorbild war mein Vater. Der hat nach dem Einbau unserer ersten modernen Zentralheizung den

Klimaschutz erfunden. Kein Heizungsregler und kein Lichtschalter war mehr vor ihm sicher. Und ich mache ihm das nach, wohl weniger aus genetischen Gründen als aufgrund von Prägung.

Als Bergmann bekam er jedes Jahr den Keller mit Briketts und Eierkohlen vollgemacht. Diese Naturalien waren Bestandteil seines Lohns. Wenn ich heute im Winter durch Kreuzberg oder Moabit gehe und es da und dort noch nach Kohleöfen riecht, denke ich oft an meine Heimat. Und damit meine ich nicht Anatolien, sondern Duisburg. Dort hatte ich diesen Geruch von verbrannter Kohle nicht nur in der Nase, wenn ich das Haus verließ. Mit dem Eimer die Eierkohlen aus dem Keller holen, die Asche in den metallenen Mülleimer rausbringen, die wohlige Wärme, die ein Kohleofen abstrahlt, und die Gluthitze, die unser Herd in der Küche verbreitete, dabei zwei Briketts in etwas mehr als einer Stunde verglühen ließ. Kälte machte einem nichts aus, da man wusste, wo die sichere Wärme war, nämlich zu Hause.

Irgendwann kamen dann drei Freunde meines Vaters und bauten samt Heizkessel die erste Zentralheizung in unser Zechenhaus ein. Die Wärme war anders, nicht gemütlich, sondern temperiert mittels Thermostat. Und plötzlich begann der Temperaturabfall durch abdrehen, weil der Preis der Wärme von nun an von den Stadtwerken eingetrieben wurde. Und wenn mein Vater früh zu Bett ging, schaltete er das Licht aus, ungeachtet, wer gerade noch lesend im Zimmer saß und eine Lichtquelle benötigte.

Tja, und ich bin Fleisch von seinem Fleische. In meinem Schlafzimmer sind die Heizkörper nur Deko. Mehr Decken wagen ist mein Motto, wenn es gar zu garstig kalt wird. Im Flur bleibt es ganzjährig frisch, und in der Küche liefern die anderen Geräte genug Abwärme. Nur beim Kind und im Bad ist es warm. Elektrisch wäre noch einiges zu sparen, aber als bekennender Warmduscher und Gegner der Kaltlichtenergiesparlampen rüste ich jetzt langsam auf LED um. Das ist noch sparsamer und macht nicht so ein graues Bahnsteiglicht.

Wenn Not also erfinderisch macht, müsste Berlin an der Spitze der Patentanmeldungen stehen. Im Internet fand ich die Bauanleitung für einen Teelichtofen. Mit zwei Blumentöpfen und einem Blumenuntersetzer aus Ton, ein paar Abstandshaltern und vier Teelichtern kann man zwei Stunden lang die Bude anwärmen. Ein Türke erfand das sogenannte Heizungsblut. Eine Glykol-Lösung, die schneller warm wird und die Wärme länger abgibt als das übliche Wasser in der Heizung. Einsparpotenzial: angeblich 20 Prozent.

Zugegeben, nicht die Ökobilanz steht im Vordergrund, weder bei meinem Vater noch bei mir. Der Umweltgedanke ist wichtig, gewann aber erst im Laufe der Zeit an Bedeutung. Energieverbrauch schlägt schlichtweg zu Buche. Und so, wie mein Vater sich sein Haus vom Mund abgespart hat, so bin ich auf Sparsamkeit gedrillt. Sparsam ist nicht geizig, sondern berechnend, um sich an anderer Stelle noch etwas Lebensqualität leisten zu können.

Oder wie mein Vater sagen würde: »Sakla samanı, gelir zamanı.« – Bewahre das Heu zur richtigen Zeit, seine Zeit wird kommen.

16. Dezember 2013

Arrivederci, Goodbye und Güle güle!

Adiós, Arrivederci, Goodbye, Tschüss und Güle güle, ich verlasse Berlin. Der Koffer ist gepackt, die Reisetasche gefüllt, jetzt noch den Rucksack, die größte Handtasche und drei Plastiktüten. Ich schließe mich der Karawane derer an, die über Weihnachten die Stadt verlassen. Eine Woche werde ich in meine Duisburger Parallelwelt abtauchen.

Berlins Neubürger fahren an den Feiertagen dorthin zurück, von wo sie einst aufgebrochen sind. Die Stadt gehört einmal im Jahr den Ureinwohnern. Entvölkerte Stadtteile, leere Abgeordnetenwohnungen, das Regierungsviertel verwaist, verlassene Townhouses in Mitte und dunkle Studentenbuden in der ganzen Stadt.

Der Umsatz von Latte macchiato und Bionade nähert sich dem Nullpunkt. Die Hippen und Schicken sind ausgeflogen – Berlin macht Weihnachtspause von den Zugezogenen. Jetzt ist auch der beste Zeitpunkt, Prenzlauer Berg einen Besuch abzustatten, um zu entdecken, wie unser Familienstadtteil ohne Schwaben, indische Babytragetücher und Laufräder aussieht. Einfach den freien Blick auf den Französischen Dom genießen. Oder, ohne angerempelt zu werden, über Unter den Linden schlendern, und am Brandenburger Tor ist auch niemand, der einen mit Rucksack und Kamera über den Haufen rennt. Hach, wie erholsam. Und ausgerechnet jetzt bin ich nicht da.

Dafür habe ich das Vorprogramm zur Stadtflucht in diesem Jahr mehrfach genossen. Wussten Sie, dass auf Betriebsweihnachtsfeiern 52 Prozent der Anwesenden gerne ein erotisches Tête-à-tête hätten? Ich bin diesmal leer ausgegangen, was mich aber weniger als Restposten brandmarkt, sondern dem Umstand geschuldet ist, dass man sich nicht alles schön trinken kann. Aber schön getrunken wurde schon. Dieses zwischenmenschliche Geknister beckenbauerscher Dimensionen blieb auch mir nicht verborgen, und so warf ich einen Blick in die Geburtenstatistik. Signifikant hoch ist die Geburtenrate im September.

Dann kam mir eine zündende Idee: Sollte man das Geld für die Kleinkindbetreuung nicht in die steuerliche Subventionierung von Weihnachtsfeiern stecken und so die Initialzündung eines Babybooms auslösen? Ich wollte es noch genauer wissen und stöberte im Internet nach weiteren Zahlen. Mir fiel auf, dass sich in den zwei Jahren der Finanzkrise die Geburtenzahl in Berlin halbiert hat. Kann es also sein, dass die aus Einspargründen ausgefallenen Weihnachtsfeiern etwas damit zu tun haben? Nun, nachdem die Konjunktur anzog und am Jahresende wieder gefeiert wurde, verdoppelte sich die Geburtenzahl. Gewagte These, denken Sie jetzt, oder? Dann gehören Sie vielleicht zu den 48 Prozent, deren Erwartungshorizont in puncto Weihnachtsfeiern sich mehr auf das Wichteln und die Ansprachen ausrichtet.

Aber keine Sorge, spätestens zu Silvester wird Berlin wieder einer freundlichen Fremdbestimmung unterworfen, zumindest was das Straßenbild angeht. Dann wird die Stadt zur Kulisse des Hoffnungsversprechens eines besseren Jahres. Und zu den Neujahrsempfängen sind wir dann alle wieder vereint, die Alt- und Neuberliner.

Oder wie mein Vater sagen würde: »Dağ dağa kavuşmaz, insan insana kavuşur.« – Berg und Berg begegnen sich nie, aber Mensch und Mensch finden zueinander.

23. Dezember 2013

Die Listeritis

Spätestens jetzt merke ich, dass das Jahr zu Ende geht. Wobei ich mich frage, ob die Listeritis nur deshalb um sich greift, weil Tote-Hosen-nix-los-Zeit ist oder der Jahreswechsel bevorsteht. Listeritis? Noch nie gehört? Ganz einfach, alles vom vergangenen Jahr wird gelistet. Die 100 peinlichsten Berliner (gewonnen hat übrigens Bushido), die zehn besten Filme, die besten Zitate des Jahres, die Tops und die Flops. In diesem recht willkürlichen Recycling von Altmeldungen und aufgewärmten Peinlichkeiten geht es mir so wie beim Horoskop – ich glaube zwar nicht dran, lese sie aber trotzdem.

Was treibt uns an, alles und jeden zu bewerten oder neudeutsch formuliert, zu ranken? Bringt es etwas, den Flughafen in die Mehdorn-Liste der Unternehmen aufzunehmen, die er nach den Heidelberger Druckmaschinen, der Deutschen Bahn und Air Berlin kaputt murkst? Soll sich Wowereit darüber freuen, dass er nur noch auf Platz 9 der peinlichsten Berliner ist? Oder muss ich in Ekstase geraten, weil Berlin international das beliebteste Reiseziel innerhalb Deutschlands ist, mit weltweit Platz 11 nach Paris, New York, Venedig und anderen hippen Metropolen? Und was bedeutet es, dass wir Hauptstädter mit 51 Prozent Singles Platz eins sind, aber die Männer laut einem Männermagazin nur Platz 22 in der Kategorie Liebe und Partnerschaft, obwohl wir einer Vermittlungsbörse zufolge Platz 4 der Städte mit den attraktivsten Frauen belegen? Das nenne ich die Schiedsrichterkrankheit.

Indem man auf andere mit dem Finger zeigt, kommt man darum herum, sich eigenen Höhepunkten und Tiefschlägen zu widmen. Und die sind zwar oft fremdbestimmt, meist aber auch durch eigenes Verhalten beeinflusst. Jedes Jahr nehme ich deshalb meinen Terminkalender zur Hand und mache meine eigene Liste. Ich gehe Seite für Seite durch und schreibe auf, was gut gelaufen ist und was schiefging. Wenn ich das nicht machen würde, blieben mir nur die negativen Erfahrungen in Erinnerung. Die tollen Momente und geglückten Aktionen, die vielen interessanten Begegnungen und die schönen Erlebnisse, sie blieben auf der Strecke.

Noch ein Aspekt kommt in dieser aufs Kalenderjahr beschränkten Betrachtung zu kurz. Manche Dinge brauchen einfach viel mehr Zeit, um zu gelingen. Bei meinen Neffen und Nichten bin ich zum Beispiel zurzeit megaout. Ich bin für sie so gar nicht Babo. Dass man mit mir nur ohne Smartphone abhängen kann, ist noch die geringste Ursache für meinen Ansehensverlust. Der Hauptgrund liegt darin, dass ich den Nachwuchs mit Büchern belästige. Die haben keinen Touchscreen, sind nicht mit dem Netz verbunden und erfordern doch glatt mehr Aufmerksamkeit als ein Videoclip auf YouTube. Nun, da muss ich jetzt leider durch. Ich hoffe, dass sie es mir eines Tages hoch anrechnen werden.

Listen und Rankings sind nur Momentaufnahmen. Und bei all den Wertungstäfelchen, mit denen andere benotet werden, sollten wir nicht übersehen, dass andere auch unser eigenes Wirken und Tun bewerten. Wir sind, ob wir es wollen oder nicht, Akteure und keine Zuschauer unseres eigenen Lebens.

Oder wie mein Vater sagen würde: »Iyilik yap, denize at.« – Tue Gutes und wirf es ins Meer.

30. Dezember 2013

Jeder ist irgendwo Ausländer

Mein Schweizer Freund lud mich in sein Heimatland ein. Er revanchierte sich für meine Gastfreundschaft in Berlin. Dankend nahm ich die Einladung an, auch weil meine Toleranz in Berlin manchmal derart überfordert wird, dass ich Hals über Kopf die Stadt verlassen muss. Die vollen U-Bahnen und Busse, die mürrischen Mitbewohner, die Ignoranz der Verkehrsteilnehmer, mein Nachbar mit seinem kläffenden Hund.

Nun ist es so, dass ich von der Schweiz nicht viel weiß. Das Erste, was mir auffiel, waren die leeren Züge, Busse und Straßen. Nur die Cafés waren gut gefüllt, nicht überfüllt. Als ich in einem dieser schönen Cafés saß, gemütlich meinen Schümli und mein Gipfeli genoss, lauschte ich dem Gespräch von zwei Schweizern am Nebentisch. Der eine sagte: »Überall verstopfte Straßen und Züge, Wohnungsknappheit, keine Arbeit für Schweizer, Ausnutzen unserer Sozialsysteme. Ich werde für die Volksinitiative stimmen.« Und der andere antwortete: »Ja, die Schweiz muss wieder den Schweizern gehören.«

Das Mitgehörte ließ mir keine Ruhe, und ich wollte wissen, was es mit dieser Initiative auf sich hatte. Ich fand heraus, dass die Schweizerische Volkspartei SVP, so etwas wie bei uns die CSU, eine Volksabstimmung »gegen Masseneinwanderung« startet. Dazu muss man wissen, dass die Schweiz schon jetzt eines der strengsten Einwanderungsgesetze der Welt hat. In der Schweiz beim Thema Masseneinwanderung von Maßlosigkeit zu sprechen ist so, als würde Deutschland bei drei Millionen syrischen Kriegsflüchtlingen über die galaktische Zahl von 5000 Flüchtlingen reden, die es aufnimmt.

Es stellen sich mir die Nackenhaare auf, wenn ich »Heimat und Brauchtum bewahren« höre. Die Schweiz ist schön, sehr schön sogar. Das Land floriert, hat eine Staatsverschuldung, die prozentual halb so hoch ist wie die unseres Landes, eine Arbeitslosigkeit unter vier Prozent und ein Pro-Kopf-Einkommen, das konservativ gerechnet doppelt bis dreifach so hoch liegt wie das von Berlin.

Offenbar hilft einem ein hoher Lebensstandard nicht automatisch beim Blick über den Tellerrand. So grotesk mir diese Schweizer Initiative auch vorkommen mag, annähernd die Hälfte fühlt sich vom Fremden bedroht, auch wenn Ausländer maßgeblich an der Wertschöpfung des Landes mitwirken. Unter Ausländern versteht die Schweiz nicht nur die Menschen, gegen die derzeit unsere CSU Stimmung macht. Nein, es sind auch deutsche Ärzte, österreichische Professoren, italienische Architekten und französische Ingenieure gemeint. Den Spruch, jeder ist irgendwo Ausländer, bekommen auch die Europäer zu spüren, die zwar gebraucht, aber als Fremdkörper betrachtet werden. Umso verwunderlicher das Ganze, wenn man bedenkt, dass die Schweiz sprachlich ein multikultureller Raum ist, schließlich unterhält man sich hier auf Deutsch, Französisch, Italienisch und Rätoromanisch.

In Anbetracht dieser Luxusxenophobie sehne ich mich nach meinen bodenständigen Reibeflächen zwischen den Kulturen in Berlin zurück. Nein, Berlin ist sicher kein konfliktfreies Beispiel für Einwanderung, aber moderner, menschlicher und zukunftsweisender als die abgeschottete Puppenstube Schweiz allemal. Wir Berliner sind nicht perfekt, wissen aber um die Chancen der Einwanderung. Kulturelle Vielfalt ist mühsam, bisweilen sogar nervenaufreibend, aber sie macht das Leben reichhaltiger. Es ist gut, manchmal zu gehen, um dann umso lieber wieder zurückzukommen.

Oder wie mein Vater sagen würde: »Düşmana kuyu kazıncaya kadar, dosta ev yap.« – Statt dem Feind eine Grube zu graben, baue dem Freund ein Haus.

6. Januar 2014

Gute Vorsätze, schlechte Vorsätze

D ie erste Million sei die schwerste, erklärte mir ein Freund, als ich die leeren Seiten meines Terminkalenders beklagte. Er gab mir den Ratschlag, mich auf die zweite zu konzentrieren. Scherzkeks, dachte ich und überlegte, ob die Tote-Hosen-Zeit im Januar der Grund ist, das neue Jahr mit guten Vorsätzen vollzupflastern. So fällt nicht sofort auf, dass man unterbeschäftigt im Hamsterrad dreht.

Mit meinen Vorsätzen sieht es in diesem Jahr dürftig aus. Mit dem Rauchen aufhören fällt bei mir flach, weil ich nie geraucht habe. Weniger trinken geht auch nicht, weil mein jährlicher Alkoholkonsum in eine Flasche Prosecco passt. Mehr bewegen? Bitte nicht! Tagtäglich quäle ich mich über meine Joggingstrecke und laufe gegen den Verfall meiner sterblichen Hülle an.

Bliebe mir also nur noch der berühmte Vorsatz »mehr Zeit«. Zeit hätte ich, nur das Geld für die Hobbys fehlt.

In einem Anflug von vorgetäuschtem Jahresanfangsaktionismus könnte ich meine Haushaltsliste abarbeiten: endlich die

Griffe an den Kleiderschrank schrauben, die Verdunklungsrollos im Kinderzimmer anbringen, den Duschkopf entkalken, den Backofen reinigen und die Fenster putzen. Aber halt, das würde mich nur in Depressionen stürzen. Und wie stehe ich da, wenn gerade mal zwei Wochen des neuen Jahres vorbei sind und ich schon den Kopf hängen lasse?

Zuerst einmal nehme ich mir nichts vor und lebe nach dem Vorsatz: Liebes neues Jahr, zeig mir, was du vorhast mit mir. Schon Goethe schrieb über die Berliner: »Ihr ... seid mir die wunderlichsten Leute, ihr schmaust und trinkt und verzürnt euch untereinander, sodass Mord und Totschlag im Augenblick und tödlicher Hass in der Lebensfolge daraus entspringen müsste, wäre es nicht in eurer Art, das Widerwärtige auch stehen zu lassen, weil denn doch am Ende alles nebeneinander verharren kann, was sich nicht auf der Stelle aufspeist.«

Ich genehmige mir deshalb mehr Fahrlässigkeit statt Vorsatz und gebe dem Schicksal durch Unterlassen eine Chance. Ich mache quasi das, worauf Berlin gebaut ist – leben und leben lassen. Denn genau genommen läuft auch Chaos in geregelten Bahnen und bekommt irgendwann einen eigenen Rhythmus. Niemand weiß das besser als die Berliner.

Während ich mich also in mein neues Motto »alles kann, nichts muss« stückweise hineinlebe, ruft mein Verlag an und will noch diese Woche das Konzept für ein neues Buch, eine engagierte Buchhändlerin lädt mich zu einer Lesung ein, kann aber kein Honorar zahlen, ein Veranstalter möchte meine Expertise zur interkulturellen Bildung, ein anderer würde mich gerne für eine Neujahransprache buchen, wofür er mir die Übernahme von Reisekosten in Aussicht stellt, und ein Magazin bittet eindringlich, bis Ende des Monats die Reportage zu schreiben, für die es sich seit einem Jahr nicht die Bohne interessiert hat.

Ich höre schon das Quietschen im Hamsterrad und plane, wie ich diese Begehrlichkeiten in den nächsten zwei Wochen bedienen kann. Aber danach, fest versprochen, Indianerehrenwort, dann, genau dann, werde ich mein selbstbestimmtes, fahrlässiges Offen-für-alles-Leben beginnen.

Oder wie mein Vater sagen würde: »Başına değil, sonuna bak.« – Schau nicht auf den Anfang, sondern aufs Ende.

13. Januar 2014

Wir können alles außer ...

Neulich in der U-Bahn fiel mir dieser geniale Werbeslogan des Bundeslandes Baden-Württemberg ein: »Wir können alles. Außer Hochdeutsch.« Wie ich darauf komme? Nun, die neuen Bahnen der BVG sind zu dick. Um die Waggons einsetzen zu können, müssen Pfeiler und Stützen umgesetzt werden. Nicht auf die Größe, sondern auf die Technik kommt es an, heißt es im Volksmund. Aber das, liebe BVG, ist in einem anderen Zusammenhang gemeint. Und was hat das alles mit Baden-Württemberg zu tun? Ganz einfach, wir Berliner können auch alles – außer U-Bahn, S-Bahn, Flughafen, Bundesliga, Schulreform, Schneeräumung. Gerne dürfen Sie hier Ihre ganz persönliche Hitliste einfügen.

Die vier größten Feinde der S-Bahn sind? Frühling, Sommer,

Herbst und Winter. Und als ob wir nicht schon genug verbaselt hätten, gibt es jetzt wohl auch noch einen Volksentscheid darüber, was mit dem Tempelhofer Feld passieren soll. Die einen wollen das Filetstück meistbietend für Luxuswohnungen versteigern, andere eine komplette Nichtbebauung, und die Dritten plädieren für einen Mittelweg. Die Textbausteine in den Argumenten variieren beliebig. Was sich in jeder anderen Stadt Kompromiss nennt, endet in Berlin in der Endlosschleife des Kuddelmuddels. Okay, einen Vorteil hat es schon, Berliner zu sein. Wenn ich zum Beispiel in Freiburg den Müll nicht perfekt getrennt bekomme, mich in Bayern verlaufe oder an der Nordsee am falschen Kai auf die Fähre warte, brauche ich nur den Kennedy zu machen. Ich lege meine Stirn in Runzeln und sage: »Ich bin ein Berliner.« Dann kann ich sofort auf Hilfe und Nachsicht hoffen. Noch etwas Gutes bewirken die Pannen der Hauptstadt: Unser Sinn für Humor wird geschärft.

Neulich nachts erfuhr ich in einer Wissenschaftssendung, dass die Sonne in vier Milliarden Jahren ausgehen wird. Und plötzlich ergab alles einen Sinn. Das bisschen Bauverzögerung am Flughafen ist erdgeschichtlich ein Wimpernschlag. Wie sagte schon Ernst Reuter in seiner Rede von 1948, um Solidarität für die eingeschlossene Stadt zu bekommen: »Ihr Völker der Welt, schaut auf diese Stadt.« Manchmal glaube ich, dass Berlin immer noch eine Insel ist, ein Labor, das Versuche nachspielt, die bei anderen schon schiefgegangen sind. Wir üben, testen und experimentieren, um die Chaostheorie zu illustrieren. Ein Trost bleibt uns Hauptstädtern dennoch. Der Mensch lernt am besten durch Fehler, und der Begriff »lebenslanges Lernen« bekommt so eine ganz neue Bedeutung.

Der Murks macht einen zwar Tag für Tag fertig, aber was

wäre, wenn wir nichts mehr an die Wand fahren würden? Dann wäre Berlin nicht Berlin, sondern so etwas wie Lüneburg, Reutlingen oder Bonn – geräuscharm, aber friedhofsstill. Und wohin dann mit dem ganzen Adrenalin, das der Metropolbewohner aufstaut? Irgendwo geht irgendwann immer irgendetwas schief. Wenigstens dabei sind wir die erste Adresse der Republik.

Oder wie mein Vater sagen würde: »Ters giderse insanın işi, muhalebbi yerken kırılır dişi.« – Wem alles schiefgeht, dem bricht der Zahn auch beim Puddingessen ab.

20. Januar 2014

Schnee im Winter

Ein Wunder ist geschehen, es hat geschneit. Ja, wie konnte denn das passieren? Und ausgerechnet im Januar. Der RBB unterbricht sein Programm und bringt eine Sondersendung. Der ADAC gibt eine Glatteiswarnung heraus und hat schon eine Trilliarde Unfälle gezählt. Und da, in Mitte misst der rasende Reporter die Schneehöhe und gibt sie millimetergenau an den Kollegen im Studio durch. Der Meteorologe doziert über die Zusammensetzung von Schnee. Sensationell. Schnee schmilzt, gefriert, Oberflächen werden spiegelglatt, ein Naturereignis.

Jetzt schaltet sich auch Stadtentwicklungssenator Michael Müller ein: Der Senat werde alles daransetzen, damit es zu keinen schneebedingten Bauverzögerungen komme. Im KaDeWe ist das Speisesalz ausgegangen, was die Umweltbehörde auf den Plan ruft, die nun gegen Schwaben ermittelt, weil die im Prenzlauer Berg Meersalz mit Kräutern gestreut haben sollen.

Senatssprecher Richard Meng verspricht den von Frost betroffenen Kleingärtnern unbürokratische Soforthilfe. Berlinale-Chef Dieter Kosslick erweitert spontan sein Festival-Programm um eine Sondervorstellung von »Ice Age«, die Einnahmen sollen schneetraumatisierten Kindern zugutekommen. Die S-Bahn errichtet eine Hotline, um den Einsatz der drei in ihrem Besitz befindlichen Schneeschieber nach Bedarf sicherzustellen. In Hellersdorf findet eine Demo vor der Asylbewerberunterkunft statt. Die Demonstranten fordern: deutscher Schnee für deutsche Staatsbürger. In einer Herrenboutique auf dem Kudamm wird eine Lieferung Designereiskratzer geklaut.

Was für ein Chaos! Ob wir diesen Horrorwinter überleben? Fällt jetzt der Frühling im Januar für immer aus? Vor dem Kanzleramt wird eine Protestaktion der Femen-Frauengruppe gewaltsam aufgelöst. Die Frauen skandierten barbusig in der sibirischen Eiseskälte von 3 Grad: »Harte Nippel auf bloßen Brüsten sind besser als eine weiche Haltung dem Ausspionieren gegenüber.« Alice Schwarzer meldet sich zu Wort und ergreift Partei für Frau Holle. Und aus unbestätigter Quelle wird berichtet, Aldi bemühe sich um eine weitere Lieferung von kolumbianischem Schnee.

Wenn Weihnachten kein Schnee liegt, ist die Erderwärmung schuld. Wenn der Winter endlich da ist, geht gleich die Welt unter. Ist der Frühling verregnet, springt die Konjunktur nicht an. Haben wir einen heißen Sommer, müssen wir uns vor der Bullenhitze schützen, und die Nation leidet. Ja, wenn gar nichts mehr geht, Wetter als Thema geht immer.

Oder wie mein Vater sagen würde: »Kar ne kadar çok yağsa, yaza kalmaz.« – Wie viel Schnee es auch schneit, er bleibt nicht bis zum Sommer.

27. Januar 2014

Bittere Wahrheiten

Offiziell kommt Recep Tayyip Erdoğan, um Angela Merkel zu besuchen. Wie sich unsere Bundeskanzlerin dem Land meiner Vorfahren gegenüber verhält, ist mehr als enttäuschend. Zu lange und zu zögerlich hat man alles getan, um die Türkei nicht wegzustoßen, aber auch nichts getan, um sie mitzunehmen. Da gerade alle von der größeren Rolle Deutschlands in der Welt schwadronieren: Hier könnte man ein Beispiel geben. Die Türkei hat Grenzen zu vielen Brandherden der Welt. Man könnte Frieden mitgestalten. Es tut mir weh, in welche Richtung sich mein Ursprungsland entwickelt.

Bei mir ist er schon lange durchgefallen, der Ministerpräsident der Türkei. Zugegeben, er hat das Land modernisiert, die Wirtschaft ist explodiert, überall gibt es neue Bauprojekte. Nur hat er vergessen, die mitzunehmen, die er für ein modernes Land braucht – Junge, Gebildete, Aufsteiger. Wasserwerfer und Tränengas sind keine Antwort auf eine Gesellschaft, die Teilhabe, Gewaltenteilung und Bürgerrechte einfordert. Das ist nicht die ganze Wahrheit und nicht die ganze Türkei, aber immer noch genug Bewegung, um ein Land zu spalten.

Im letzten Sommer gingen Tausende Berliner auf die Straße und solidarisierten sich mit den Menschen in der Türkei. »Her yer Taksim, her yer direniş«, überall ist Taksim, überall ist Widerstand, riefen sie. Ich ging auch mit, als Deutsche, als Türkin, als Demokratin, als Mensch. In Deutschland bin ich mit Rechten und Werten wie Meinungsfreiheit und Toleranz aufgewachsen. Sie sind für mich selbstverständlich. Und gerade deshalb fühle ich mich so stark mit der Türkei verbunden. Die Türkei fordert endlich diese Rechte auch für sich ein.

Nun wird er also in Berlin reden, im Tempodrom. Will er die dunklen Mächte, die er so unermüdlich bekämpft, bemühen, um sich reinzuwaschen? Braucht er die Kulisse, um zu Hause sein Image als Landesvater, auch der Auslandstürken, aufzupolieren? Mich stört es nicht, dass er kommt. Mich stört auch nicht, dass er redet. Mich stört nur, dass er sich in Inszenierungen flüchtet, anstatt auch mal der anderen Seite zuzuhören.

Ja, unsere deutsche Konsensdemokratie ist mühsam, langweilig und alles andere als fehlerfrei. Nur, wir stellen uns den endlosen Diskussionen – auch wenn meist nur ein Kompromiss dabei herauskommt, der auf dem kleinsten gemeinsamen Nenner basiert.

Auch in meiner Familie streiten wir wie die Kesselflicker über die Politik des Ministerpräsidenten. Ich bin zwar in der Minderheit, dennoch sind wir allesamt ein gutes Stück mehr Demokratie und Freiheit gewohnt. Wir sind schon längst angekommen in Deutschland. Und die Türkei wird sich auf Dauer Freiheit und Demokratie nicht vorenthalten lassen.

Oder wie mein Vater sagen würde: »Dost acı söyler.« – Ein Freund sagt auch bittere Wahrheiten.

3. Februar 2014

Liebe mit Verstand

I ch habe schwule Freunde. Ich habe lesbische Freundinnen. Und wer hätte das für möglich gehalten, sie sind türkisch. Was, es gibt türkische Schwule und Lesben? Ja, gibt es. Ist es nicht eigenartig, dass in einem Land, in dem das Recht auf freie Persönlichkeitsentfaltung grundgesetzlich gesichert ist, Homosexualität eine derartige Diskussion auslöst, dass man fast glauben könnte, man lebe in Sotschi?

Ich komme auf das Thema, weil ich die vergangenen Wochen froh war, dass einmal nicht die Türken die Schlagzeilen dominierten. Puh, mal nicht wir, sondern die Homosexuellen, dachte ich. Und plötzlich wurde mir klar, dass es gar nicht um Integration von Türken, Armutszuwanderung, Frauen oder Schwule geht.

Es geht darum, auszugrenzen, Probleme weit von sich zu weisen, Schuldige zu identifizieren und sich, weil man ja nicht »zu denen« gehört, besser zu fühlen. Und da bietet es sich praktischerweise an, gleich mehrere Auswahlmöglichkeiten zu haben.

Wäre ich jetzt außer Frau und Migrantin auch noch lesbisch, könnte man mich anhand von drei Etiketten brandmarken. Identifizieren, problematisieren, psychologisieren, stigmatisieren und dann ausgrenzen, so sind die Spielregeln. Zu dick aufgetragen? Dann beobachten Sie Ereignisse und ihren Verlauf einfach nur mal sachlich. Die Geisterbahn der menschlichen Niedertracht läuft auf eingefahrenen Gleisen. Umso erstaunlicher, wie leicht man immer wieder darauf hereinfällt.

In Kreuzberg gibt es einen Club, der seit über einem Jahrzehnt eine ganz spezielle Party veranstaltet. Die Party nennt sich »Gayhane«, abgeleitet aus dem türkischen Wort »Meyhane«, das Wirtshaus. Die neue Wortkreation bedeutet in etwa »das schwule Haus«. Und weil die Stimmung hier super ist, kommen auch viele Heterosexuelle zum Feiern. Meine Freundin Gül zum Beispiel ist regelmäßig dort. Als sie vor einigen Jahren ihren Eltern ihre Lebensgefährtin vorstellte, waren die sehr stolz auf ihre sittsame Tochter und erzählten den Verwandten, dass ihre Tochter einen festen Job habe, keine wechselnden Männerbekanntschaften und mit ihrer besten Freundin zusammenwohne.

Es verbindet vermutlich die erste Generation der Türken in Deutschland mit vielen Mehrheitsdeutschen, dass sie nicht wirklich damit klarkommen, dass sich Mann und Mann oder Frau und Frau lieben können. Dabei ist es ganz einfach.

Ich stelle mir einfach vor, dass ich eines Tages in einer Gesellschaft aufwache, in der Männer nur mit Männern, Frauen nur mit Frauen zusammen sind und ich indirekt oder ganz offen gebrandmarkt werde, weil ich so abartig bin und mich für Männer interessiere. Mehrheit bedeutet nicht Wahrheit. Vielleicht hat das ganze Unbehagen um gleichgeschlechtliche Liebe auch etwas damit zu tun, dass es für viele schwer ist, die wirklich inneren und echten Gefühle von Menschen zu akzeptieren. Nämlich selbst zu entscheiden, was man möchte, um glücklich zu sein. Und dass man das auch anders hinkriegen kann, überfordert die Vorstellung vieler. Wenn Menschen sich lieben, beweisen sie nur, dass es etwas anderes gibt hinter der Logik der Einsen und Nullen. Und da steckt sogar für Atheisten etwas Göttliches drin.

Oder wie mein Vater sagen würde: »Hayvan koklaşa koklaşa, insan konuşa konuşa anlaşır.« – Tiere verständigen sich über das Riechen, Menschen über Worte.

17. Februar 2014

Protz

Nun komme ich ja viel rum. Ich meine, wenn ich aus meinen Büchern lese. Selten mit Publikum bis zum Horizont, aber meistens so viel, dass sich die gute Stimmung auch in einen großen Raum überträgt. Ich lese gerne in Bibliotheken, umringt von Büchern und Menschen, die das zu schätzen wissen.

Ich kenne die Städtische Bibliothek in Stuttgart, sehr nachgefragt, gut ausgestattet und ein modernes Gebäude. Die in Duisburg ist ein Funktionsbau der Siebzigerjahre mit einer Jugendbuchabteilung, Neuheiten und Schlangen vor den Ausgabeschaltern. Ich erinnere mich an die Minibücherei einer Nordseeinsel, überschaubar, liebevoll geführt und das, was nicht da war, wurde über Fernleihe besorgt. Ich kenne auch Stadtbüchereien, die es ausbaden müssen, dass die Kommune ihr Defizit dort vergeblich wegsparen will, und am Eingang um Bücherspenden betteln.

Was wohl aus mir geworden wäre, dem Türkenmädchen, das der Stadtbücherei Duisburg und seinem Bücherbus sein Deutsch und den nimmersatten Hunger auf die Welt verdankt, wenn ich wegen zusammengestrichener Budgets als Kind vor leeren Bücherregalen gestanden hätte? Ich wartete jeden Donnerstag darauf, dass der Bücherbus um die Ecke bog. Lesen war für mich der Blick in eine Welt, die ich bis dahin nicht kannte.

Ich komme darauf, weil ich letzte Woche wieder kurz vor einem Tobsuchtsanfall war, als ich lesen musste, dass die neue Landesbibliothek am Tempelhofer Feld mal so eben 50 bis 100 Millionen Euro mehr kosten werde. »Reg dich ab«, versuchte mich ein Freund zu beruhigen. »Hätte es den Bund der Steuerzahler schon seit dem Mittelalter gegeben, gäbe es heute kein

Neuschwanstein, keinen Kölner Dom, keine Museumsinsel, nichts. Alles zu teuer und zu verschwenderisch.« Auf die Jahrhunderte gerechnet spielen Mehrkosten keine große Rolle.

Meine Wut hat ja auch noch eine andere Quelle. Gehen Sie mal in die Stadtbücherei Ihres Bezirks. Ich habe es mit meiner Tochter getan. Unterirdisch ausgestattet. Aber für den nächsten Protzbau großspuriger Ignoranz ist Kohle da, oder was? Eine Landesbibliothek kann eine feine Sache sein. Auch der Normalbürger kann sich dort über seine Themen umfassend informieren, neue Werke und Gattungen kennenlernen. Man kann E-Books ausleihen, in Zeitschriftenarchiven digital stöbern, man kann der Geschichte Berlins und der ganzen Welt auf den Grund gehen. Aber Misstrauen ist geboten. Ist nicht schon zu oft bewiesen worden, dass man mit dem Horizont eines Heimwerkers, der sich eine Laube zusammenschraubt, bei Großprojekten nicht weit kommt?

Im Mittelalter gab es keine Bibliotheken, kaum Menschen, die etwas aufgeschrieben haben, und noch weniger, die lesen konnten. Die Menschheit verblödete damals. Heute haben wir das Internet und bald eine Landesbibliothek, auf der noch kein Preisschild klebt. Das Wecken und Kultivieren von Neugier muss aber trotzdem irgendwo gelernt werden. Die Bezirksbüchereien sind Orte, an denen das passiert. Denkt daran, wenn ihr das nächste Mal Haushalte konsolidiert und damit anderen Chancen wegnehmt.

Oder wie mein Vater sagen würde: »Çöplükte yatar, vezir rüyası görür.« – Auf dem Misthaufen liegen, aber wie ein Wesir träumen.

24. Februar 2014

Hip, hip, hurra!

Hip, hipper, Berlin. Das war einmal. Berlin ist nicht mehr hip! Endlich, wir sind wieder unter uns. Und alle, die nach Berlin gezogen sind, um einmal in ihrem Leben hip zu sein, sollten ihren Kummer über diese Nachricht schnellstmöglich in Holunder-Bionade ersäufen.

Diese ganze Vielfalt, die nach und nach zur Einfältigkeit führte, geht mir schon seit einiger Zeit auf den Zeiger. Und das ganze Arm-aber-sexy-Gerede hat sich auch irgendwie totgelaufen. Hoffnung ist ein prima Frühstück, aber ein erbärmliches Abendessen. Die Karawane zieht also weiter, soll sie doch.

Genau genommen braucht es, um unendlich hip zu sein, ein großes Vakuum, das eine besondere Situation geschaffen hat. So wie Westberlin einst die Wehrdienstverweigerer anzog und sich dort eine eigene Kultur zwischen Kommune, Kommunismus und kreativem Chaos entwickelte. Ja, und dann kamen die Weltstadtpioniere, die sich von Mitte aus in Richtung Osten ausbreiteten. Zugegeben, mir hat das auch gefallen, und seitdem bin ich ja auch da. Nur die Kunst besteht darin, das Neue mit dem Alten zu verbinden, sonst bleibt es ein flüchtiges Phänomen.

Mir kommt es manchmal so vor, als ob die Kinder der Generation Kohl allein ihre Inkompatibilität mit dem Rest der Gesellschaft schon als Alleinstellungsmerkmal kultivieren. Gefangen zwischen den Welten verharren sie, bis eine Erbschaft oder die totale Anpassung sie aus dem Fegefeuer der Eitelkeiten erlöst. Und diejenigen, die sich als Avantgarde inszenieren, brauchen immer eine halbwegs biedere Kontrastfläche, von der sie sich abheben können.

Berlin ist ein Kleinbürger, der für die schöne Nachbarin den Bauch einzieht. Unser durch und durch bürgerliches Berlin ist die ideale Bühne, um sich in Extravaganzen auszutoben. Vielleicht ist es ganz gut, dass Berlin nun von den Städterankings verschwindet. So merken die Hipster mal, dass in Berlin normale Menschen leben, anstatt sich zum Nabel der Welt zu machen.

Aber stopp, ich wollte nicht den Eindruck erwecken, als ob ich mich über die Jungen mit ihren neuen Ideen lustig mache. In jedem Kiez trauen sich Leute, etwas Neues auszuprobieren. In der Kunst, der Musik, im Schreiben, überhaupt querbeet. Das imponiert mir. Und wenn sie bleiben und davon leben können, dürfen sie sich auch gerne hip nennen.

Aber man tut gerade so, als ob man Freiräume zwischen Biederkeit und Kommerz schaffen wolle. In Wirklichkeit werkeln da schlecht abgesicherte Selbstausbeuter, die ohne die Transferzahlungen von daheim auf dem Schlauch stünden, wenn auch in engen Röhrenjeans, mit Riesenbrillen und Pudelmützen ohne Pudel. Dass sie als Nebeneffekt den Virus der Gentrifizierung anschleppen, kann man ihnen nicht zur Last legen. Das hat der Gesetzgeber zu verantworten, der mit privatem Kapital die Bausubstanz aufpeppen lässt, bis die Altmieter aussteigen müssen.

New York, Paris und London waren so lange hip, bis sich das keiner mehr leisten konnte. Vielleicht fliegen wir gerade noch rechtzeitig aus dem Olymp der Trendmetropolen. Unten bietet sich immer noch genug Spielwiese.

Oder wie mein Vater sagen würde: »Ayağını yorganına göre uzat.« – Strecke deine Füße nach der Länge deiner Bettdecke aus.

10. März 2014

Freiheit für alle

Als in Istanbul in der letzten Woche wieder Hunderttausende auf die Straße gingen, um dem 15-jährigen Berkin am Tag seiner Beerdigung eine letzte Ehre zu erweisen, beschoss die Polizei die friedlichen Demonstranten mit Wasserwerfern und Tränengas.

Der Staat gebärdet sich wie ein trotziges Kind; als wolle er mit dem Einprügeln auf die Demonstranten davon ablenken, dass er für Berkins Tod verantwortlich war. Der Junge war während der Gezi-Park-Proteste im letzten Sommer von einer Tränengasgranate aus kürzester Distanz am Kopf getroffen worden und erlag nach Monaten im Koma seinen schweren Verletzungen.

Die Bilder in der Türkei lassen mich nicht los, und ich habe mich gefragt, warum mich das Schicksal der Menschen so sehr berührt, warum es mich wütend macht, mich verzweifeln lässt. Wie vermutlich viele Kinder türkischer Eltern in Deutschland sind wir mittlerweile so bundesrepublikanisch, dass wir unsere Maßstäbe auf die Türkei übertragen. Das macht die Ereignisse für uns noch schmerzlicher, da wir sie aus der Ferne mitansehen müssen.

Die Türkei war immer das Land meiner Eltern. Ich habe sie nie als ein Land erlebt, in dem ich als erwachsener, mündiger Bürger lebe. Als ich 2012 beschloss, für eine Zeit lang nach Istanbul zu gehen, merkte ich schnell, wie viel Sicherheit und Gewissheit ich in meinem Tun hatte, weil ich mich in Deutschland innerhalb geordneter Strukturen in Staat und Verwaltung bewegen konnte. Damals wusste ich noch nicht, wie fremd mir das Land eigentlich ist, das ich so gut zu kennen glaubte.

Ich fühlte mich als Touristin, als Langzeittouristin mit exklusiven Einblicken, aber ich war nie ein Teil der türkischen Gesellschaft. Schon allein deshalb nicht, weil ich in Deutschland mit Werten wie Rechtsstaatlichkeit, Meinungsfreiheit und Toleranz aufgewachsen bin. Sie sind für mich als Deutsche selbstverständlich. Und vielleicht fühle ich mich gerade deshalb so stark mit der Türkei verbunden, weil die Menschen diese Rechte nun für sich einfordern.

Auch bei uns haben es die schwer, die gegen den Strom schwimmen. Sie sind aber kein Freiwild, und irgendwann nimmt man sie zur Kenntnis. Deshalb kann unsere Gesellschaft bei allen Widersprüchen auch Kompromisse schließen. Mühsam, langsam, unbefriedigend und dennoch so, dass es irgendwie zusammengeht.

Was vermutlich beide Gesellschaften verbindet, ist die Tatsache, dass jene, die ihre Freiheiten einfordern, oft nicht so organisiert sind, dass sie auch unmittelbar Wirkung erzielen. In Deutschland geht das über die Zivilgesellschaft, über Bewegungen, Gewerkschaften, Vereine und Parteien, die wissen, wie man so etwas macht. Da, wo es solche Strukturen nicht gibt, bleibt nur die Straße für den Protest.

Wenn ich noch mal länger in die Türkei gehen sollte, biete ich dort einen Lehrgang an, wie man politische Prozesse organisiert. In der Türkei ist es leider so, dass die einen die Demokratie missbrauchen und die anderen sie nicht handhaben können – dabei lebt sie vom Mitmachen der Demokraten. Und damit die Türkei eines Tages nicht nur auf dem Papier eine Demokratie ist, müssen die Türken lernen, dass »hätte, würde, sollte, müsste« sie nicht weiterbringt. Man muss es auch tun.

Oder wie mein Vater sagen würde: »Bir yolu karanlık

görüyorsan bil ki, perde gözündedir, yolda değil.« – Liegt der Weg vor dir im Dunkeln, so wisse, dass der Vorhang vor deinem Auge ist, nicht vor dem Weg.

17. März 2014

Seelenheil

Es gibt sie noch, die Arztserien. »Familie Dr. Kleist« zum Beispiel, außerdem läuft in Endlosschleife »In aller Freundschaft« und das amerikanische Pendant »Grey's Anatomy«. Einst praktizierten Dr. Brockmann in der »Praxis Bülowbogen« und, klar, Prof. Brinkmann in der »Schwarzwaldklinik«. Der Sohn Sascha Hehn musste immer in sein Cabrio springen, weil er das mit der Tür nicht kapiert hatte. Die Fönfrisur war von da an für mich ein deutliches Zeichen, welche Typen man besser nichts Kompliziertes fragt. Heutzutage nicht zu vergessen »Dr. House«, der uns weismachen will, dass ein halbes Dutzend Mediziner Tag und Nacht forscht, um einen einzigen Patienten zu kurieren. So was geht einem durch den Kopf, wenn man selbst in einem Berliner Wartezimmer sitzt und seiner Vorsorgeuntersuchung entgegensieht.

Eigentlich läuft diese TV-Arztserien-Simulation immer nach dem gleichen Muster: Seht her, auch unsere Doktoren haben alltägliche Probleme. Dennoch sind sie nebenher in der Lage, einen aussichtslosen Fall mir nichts, dir nichts mit einer spektakulären, noch nie zuvor durchgeführten Operation samt Anamnese, Diagnose und Nachsorge in weniger als 45 Minuten zu lösen. Eigentlich ein dankbares Sujet. Muss doch jeder früher oder später zu den Halbgöttern in Weiß, um dann ganz später überhaupt nicht mehr von denen loszukommen.

Irgendwie hatte ich in Berlin bisher immer Glück mit meinen Ärzten. Entweder hatte ich fast nichts, und man konnte mich mühelos wieder instand setzen. Oder, wenn mal was war, geriet ich immer an solche Ärzte, die sich Zeit nahmen, Alternativen prüften und mir nicht von der Seite wichen, bis alles ausgestanden war. Nein, ich bin nicht privat versichert.

Nun ist es so, dass ich mich eigentlich topfit fühle. Diese Vorsorgedinger mache ich, um sicherzugehen, dass ich noch gesund bin, und um mein Serviceheft abstempeln zu lassen. So hätte man bessere Karten, wenn dann doch mal was wäre. Das Gute an Berlin ist, dass man jede Form von medizinischer Versorgung überall bekommt.

Und die Versicherungsleistung wird erbracht, auch bei den Fußsoldaten der gesetzlichen Krankenkasse. Aber ich frage mich langsam schon, wenn der Arzt in Punkten abrechnet, nach Leistung und Versicherung mit einem Faktor multipliziert und im Flur jeder Praxis kostenpflichtige »IGel«-Leistungen angeboten werden, ob nicht da schon ein Stück zu viel Ökonomie die Humanität in den Schatten stellt.

Ich habe leicht reden. Mir fehlt ja so gut wie nichts. Wie das aber aussieht bei einem chronisch Kranken, Kleinrentner, jemandem, der auf ein Organ wartet, jemandem, der um sein Leben kämpft? Der Entwicklungsstand einer Gesellschaft bemisst sich daran, wie sie mit den Schwachen umgeht. Da sind wir vielen Ländern voraus. Aber sind wir wirklich da, wo wir sein müssten? Ist Gesundheit eine Leistung, die der Markt steuern sollte?

Und macht es uns gesünder, wenn der Arzt kein Arzt mehr sein darf, sondern als Unternehmer (be-)handelt?

Anfang des Jahres saß ich mit einer fetten Grippe im Wartezimmer meines Hausarztes. Eine nette Runde zum fröhlichen Bakterientausch hatte sich da versammelt. Mir fiel auf, wie viele alte, einsame Frauen da waren. Es war nicht nur der Infekt, der sie in die Praxis trieb. Einmal wieder angesprochen werden, einmal wieder jemanden haben, der sich um einen kümmert. Wir werden nicht nur krank am Körper, sondern auch krank an der Seele, wenn wir uns allein fühlen.

Eine Vorsorgeuntersuchung für eine intakte soziale Umwelt fehlt noch im Bonusheft.

Oder wie mein Vater sagen würde: »Güneş giren eve doktor girmez.« – In ein Haus, in das die Sonne scheint, kommt kein Arzt.

24. März 2014

Kaktus im Wappen

Wenn ich von der deutschen Kultur eine Sache im Übermaß angenommen habe, ist es das Misstrauen allem und jeden gegenüber. Die deutsche Mentalität, sich den Dingen nüchtern und sachlich zu stellen und stets damit zu rechnen, dass es am Ende doch schlimmer kommt als gedacht, hilft, das Notwendige zu leisten, anstatt sich in Tagträumen zu verzetteln. Wir Deutschen sind echt manchmal wie Kakteen in der Wüste.

Robust kommen wir ohne Wasser aus, und wenn wir aufblühen, dann so selten, dass es gleich auffällt. Der Kaktus sollte unser Wappen schmücken.

Letzte Woche bin ich aufgeblüht. Ich sollte eine Rede zum Thema »Wie viel Deutsch braucht ein Berliner Schulkind?« halten. Ehrlich gesagt finde ich Veranstaltungen dieser Art meist sterbenslangweilig. Vor meinem geistigen Auge sah ich Sprachstandsdiagnosen, Lernkonzepte, Motivationsstrategien. Dieses Mal war es anders.

Im Nebenprogramm traten Berliner Schülerinnen und Schüler auf. Sie spielten kleine Stücke. Ein Junge zeigte einen eigenen Film, bei dem er Regisseur, Hauptdarsteller, Drehbuchautor und Kameramann in einem gewesen war. Nach und nach kamen sie auf die Bühne, selbstbewusste junge Bürger dieser Stadt, allesamt mehrsprachig. Ein Mädchen, polnische Mutter, iranischer Vater, glasklares Deutsch, in der Schule lernt sie zusätzlich Latein. Deutsch-Italiener singen ein isländisches Lied, ein Mädchen beherrscht neben ihrer deutschen Muttersprache auch Französisch und Arabisch. Ein Junge, dessen Eltern aus Russland stammen, spricht Russisch und Deutsch perfekt, genau wie seine Mitschüler, deren Eltern aus ganz Europa und Asien zu uns gekommen sind.

Mit schlafwandlerischer Sicherheit bewegen sich diese Kinder zwischen Sprachen und Kulturen. Warum können sie das? Weil sie mehr als nur einen Ursprung haben.

Wie selten können wir diese Vielfalt, diesen Reichtum annehmen. Wie oft wird der Mangel bejammert und gefordert, dass die Kinder sich der deutschen Leitkultur unterzuordnen hätten. Klar gibt es die Kinder mit gravierenden Sprachdefiziten, aber ist uns dieser mehrsprachige Nachwuchs nicht um Lichtjahre voraus? Diese Kinder leben uns vor, dass uns mehr verbindet als trennt. Aufgeschlossene, weltoffene, tolerante Pfadfinder einer globalen Welt, die in unserem Metropolendorf Berlin zu Hause sind. Und wohlgemerkt, alles keine Elitenschüler, finanziert aus dem Geldbeutel der Eltern. Nein, sie alle sind unser Nachwuchs aus den öffentlichen Kiezschulen von Wedding, Tempelhof und Schöneberg.

Diese Kinder haben einen Schatz in ihren Köpfen. Unsere Aufgabe ist es, ihnen die Möglichkeit zur Entfaltung zu geben.

Oder wie mein Vater sagen würde: »Zaman sana uymazsa, sen zamana uy.« – Passt sich die Zeit nicht dir an, pass du dich der Zeit an.

31. März 2014

Eine haarige Angelegenheit

Als ich vor knapp 15 Jahren hier eintrudelte, bekam ich von der Frau meines Moabiter Gemüsetürken eine der wichtigsten Telefonnummern Berlins. Tülin wohnte in Neukölln und machte etwas in ihrer Zweizimmerwohnung, das für uns Türkinnen seit der Pubertät zum Leben gehörte wie das Atmen: ağda. Sie rührte das Warmwachs noch selbst an, dann nahm sie ein wenig davon, knetete es butterweich, zog es auseinander, klebte es auf die entsprechende Stelle und entfernte in einer ewig langen Prozedur Beinhaare, Achselhaare und nach Wunsch alles andere an Haarwuchs. Mittlerweile gibt es in Berlin an allen Ecken Waxing-Studios. Doch da sich auch die deutsche Frau von ihren

Körperhaaren verabschiedet hat, dauert es Wochen, bis man einen Termin bekommt.

Ich war etwa 14, als ich von der Schule nach Hause kam und meine Mutter am Herd vorfand, wo sie in einem Topf rührte. Nach einer Weile klopfte sie an die Tür und sagte: »Tochter, ich muss mit dir über deine Achselhaare reden.« Das war der schmerzhafteste Tag meines Lebens. Zumindest bis zu jenem Tag, an dem meine Mutter wieder klopfte und mit mir über meine Bikinizone reden wollte. Meine Mutter schnaubte meinem Schmerzgeheul entgegen: »Wie willst du es jemals schaffen, ein ganzes Kind zu gebären? Ich bin fest davon überzeugt, dass deutsche Frauen ohne uns Türkinnen immer noch an ihrer Körperbehaarung festhalten würden. Ich bin froh, dass wir den Deutschen neben dem Döner noch etwas anderes hinterlassen werden.«

So verlor auch Nena ihre Achselhaare und Romy Schneider den Flaum an den Beinen. Und dank Internet und dem fleißigen Konsum von inszenierter Zweisamkeit sind mittlerweile auch viele Männer ihre Körperhaare los. Was mit David Beckham begann, haben nun auch Meier, Müller und Schulze übernommen. Glücklicherweise hat Madonna gerade zur Gegenbewegung aufgerufen und zeigt wieder Achselhaar. Und ich denke mir, bitte, macht doch alle mit. Von mir aus könnt ihr eure Achselhaare färben, flechten, Perlen einknüpfen oder kunstvoll knoten. Mich stört das nicht. Denn dann bekäme ich vor dem Herbst noch einen Termin in meinem Waxing-Studio.

Oder wie meine Mutter sagen würde: »Çirkin kadın yok, bakımsız kadın var.« – Es gibt keine hässlichen, nur ungepflegte Frauen.

14. April 2014

Ich kandidiere

Mich hat der Ruf der Partei erwischt. Lautlos haben sie mich gerufen, quasi ein stummer Schrei, so wie bei Munch. Ganz klar, wie sie auf mich gekommen sind, ich bin gerade gut genug. Dazu kommt, dass ich eine Frau bin, einen Migrationshintergrund habe, und sollte es vor der Wahl nötig sein, organisiere ich mir noch einen Doppelnamen.

Sie fragen nach meiner Qualifikation? Moment mal, Sie wollen doch nicht ernsthaft verlangen, dass ich mich mit falschen Versprechungen und unhaltbaren Zielen profiliert habe? Ich bin ein unbeschriebenes Blatt. Dafür steht das »Ak« in meinem Namen. »Ak« bedeutet »weiß, klar«; ich hätte es mir nicht besser ausdenken können. Jetzt runzeln Sie doch nicht die Stirn. Schauen Sie, es ist ganz einfach: 95 Prozent der Aufgaben Berlins sind gesetzliche Pflichtaufgaben. Europa und der Bund geben vor, das Land führt aus und reicht an die Bezirke weiter. Den Finanzsenator behalte ich aber, der sorgt dafür, dass von den restlichen fünf Prozent bald nichts mehr übrig ist. Der muss dann den Kopf hinhalten, von wegen Schulden der nachwachsenden Generation und so, und schon bin ich fein raus. Ich würde ja gerne, aber der blöde Haushaltszwang.

Für das Offizielle hängt die Kledage im Schrank. Bella Figura machen ist mein kleinstes Problem. Ich kann die Internationale auf Türkisch singen. Für die Inszenierung habe ich alles, nur die Inhalte muss ich noch basisorientiert und möglichst unreflektiert zusammenschreiben.

Schauen wir mal, gegen wen ich gewinnen muss. Die CDU hat meiner Charmeoffensive rein gar nichts entgegenzusetzen. Die

Grünen wären gefährlich, solange aber Ströbele das Maximum an Lebensfreude dieser Partei repräsentiert, können die sich ihren erhobenen Zeigefinger in Tofu gießen. Die Linke hat im Kern recht, nur die Latte für die Umsetzung liegt so hoch, dass die locker drunter durchlaufen können. Und wer sind noch mal die Piraten?

Das Ding gewinne ich locker. In der Bildung beschließe ich ein paar zeitlich befristete Laborversuche. Diejenigen, die noch wählen gehen, haben ihre Kinder schon längst auf Privatschulen verfrachtet. Und bloß nicht an der Eliteillusion des Gymnasiums rütteln. Dafür immer viel vom Bildungsaufstieg schwadronieren, aber nichts investieren, das weckt nur unnötige Hoffnungen. Ab und zu lasse ich Buschkowsky und Sarrazin von der Leine, die sichern mir die Stammtische, während ich im Willy-Brandt-Haus die multikulturelle Gesellschaft ausrufe. Die Lobbyverbände bekomme ich ruhiggestellt, indem ich beim Mindestlohn genug Ausnahmen beschließe. Meine Betroffenheit zeige ich anschließend dadurch, dass ich bei der Tafel aushelfe. Dann brauche ich noch viele Bürgerbeteiligungen, unendlich viele Beiräte und Kommissionen, damit niemand mehr so richtig für irgendwas verantwortlich ist. Die letzten produktiven Kräfte binde ich in stundenlangen Sitzungsmarathons ein.

Wenn ich dann noch betone, für immer in Berlin bleiben zu wollen, bin ich reif für höhere Aufgaben. Ich sage nur Bellevue. Dort recycle ich alle meine Grußreden und stelle sie unter das große Wort Gerechtigkeit. Meinen Vater mache ich zu meinem Redenschreiber, eine kleine Wiedergutmachung für die vielen Sprichwörter, die ich ihm geklaut habe. Zum Schluss adoptiere ich noch eine Wasserschildkröte und mache sie zum neuen Wappentier der Stadt. Damit wäre mein Eingang in die Geschichtsbücher gesichert.

Gebetsmühlenartig über Jahre hinweg das Gleiche aufsagen kann ich schon seit der Schulzeit.

Oder wie mein Vater sagen würde: »Altın yumurtlayan tavuk kesilmez.« – Ein Huhn, das goldene Eier legt, schlachtet man nicht.

28. April 2014

Schwarzes Gold

Das deutsche Wort, das ich nach meiner Erinnerung als Erstes gelernt habe, war »Glückauf«! Mein Vater arbeitete in Duisburg schon als Bergmann, bevor ich mit meiner Schwester und meiner Mutter aus unserem anatolischen Dorf nachkam. Unter Tage ereignete sich ein Unfall, mein Vater verlor seinen rechten Arm. Ich kenne meinen Vater deshalb nur mit einem Arm. Erst Jahre später erzählte er uns die Geschichte, wie sein Steiger ihm geholfen hatte. Er wohnte gegenüber, und ich ging mit seiner Tochter in die gleiche Klasse.

Mit einem Arm arbeitet es sich nicht gut unter Tage, deshalb bot man meinem Vater 10 000 Mark an, um ihn loszuwerden. »Nehmen Sie das Geld, wir haben keine Arbeit mehr für Sie«, sagten sie, als er nach fast einem Jahr das Krankenhaus verlassen durfte. Mein Vater antwortete: »Ich möchte das Geld nicht, geben Sie mir Arbeit.« Sie setzten ihn weiter unter Druck, er solle das Geld nehmen und nach Hause gehen. Aber mein Vater blieb hartnäckig: »Ich bin mit zwei Armen in Ihr Land gekommen.

Geben Sie mir meinen Arm zurück, dann gehe ich zurück –
ohne Ihr Geld.« Als der Steiger davon hörte, ging er wütend zu
seinen Vorgesetzten und kämpfte dafür, dass mein Vater eine
Unfallrente bekommt. Er lebt bis heute davon.

Das Grubenunglück in der türkischen Stadt Soma ist mir sehr
nahgegangen. Womöglich anders nah als anderen. Ich bin die
Tochter eines Bergarbeiters. Kohlenstaub war der Inbegriff meiner Kindheit. Wer im Ruhrgebiet aufwächst, hat nicht nur den
Geruch von verbrannter Kohle in der Nase, wenn er das Haus
verlässt. Auch zu Hause in unserem Duisburger Zechenhaus
stand ein Kohleofen. Mein Vater bekam jedes Jahr zwei Ton-
nen Kohle umsonst. Die Kohle brachten sie mit einem Lastwa-
gen bis vor die Hofeinfahrt, und um sie in den Keller zu schaffen, mussten meine Geschwister und ich die ovalen Kugeln in
Eimern bis zum Kellerfenster tragen. Dort hatte mein Vater
eine selbst gebaute Holzrutsche befestigt, auf der die Eierkohle
durch das Fenster in den Keller herunterkullerte. Unser Kohleofen hatte viele Vorteile. Im Winter rösteten wir Kastanien, wir
toasteten frisches Brot, und mein Vater stellte abends immer einen Topf Milch darauf, die wir morgens, bevor wir zur Schule
gingen, heiß tranken. Im ganzen Haus roch es wunderbar, wenn
sich der Duft der Brote mit dem des Feuers mischte und durch
die Räume zog. Hatten meine Geschwister und ich draußen genug im Schnee gespielt, kamen wir nach Hause und setzen uns
mit durchgefrorenen Füßen und roten Gesichtern vor den bol-
lernden Ofen. Wir wärmten uns an den offenen Flammen und
genossen die Hitze auf unseren glühenden Wangen.

Aber weiß Gott, Kohle ist nicht nur ein Objekt für Sentimentalität. Kohle war der Treibstoff für die Industrialisierung, für die
Hochöfen und den Stahl, für den Strom und für die Wärme in

den Städten, wo die Arbeiter wohnten und kein Holz schlagen konnten, um zu kochen und zu heizen. Es gibt Leute, die belegen können, dass die Türkei die Erträge aus dem Wirtschaftswachstum fast vollständig für Energieimporte ausgibt. Daher, und um auch gegen billige Importkohle zu bestehen, fördert man in der Türkei die Kohle zu miserablen Bedingungen. Nur die Angst vor dem Arbeitsplatzverlust ließ die Bergleute die Zustände dort ertragen. Die Profite der unter Erdoğan privatisierten Gruben werden ebenso nicht angetastet. So verstehe ich die Wut der Menschen dort, die sagen, dass nun gekommen ist, was abzusehen war. Hunderte tote Kumpel, Familien ohne Ernährer, Frauen als Witwen, Kinder ohne Väter. Da machen die Wasserwerfer und das Tränengas eigentlich fast nichts mehr aus. Wenn zur Trauer Bitterkeit kommt, ist der Hass nicht fern.

Oder wie mein Vater sagen würde: »Glück auf, Glück auf, der Steiger kommt. Und er hat sein helles Licht bei der Nacht schon angezündt'. Das gibt ein'n Schein, und damit fahren wir bei der Nacht ins Bergwerk ein.«

19. Mai 2014

Hatice Akyün. Ich küss dich, Kismet. Eine Deutsche
am Bosporus. Klappenbroschur. Verfügbar auch als Book

Von Männern hat Hatice Akyün erst einmal die Nase voll
– und irgendwie auch von Deutschland. Kurzerhand zieht
sie von Berlin nach Istanbul und macht sich auf die Suche
nach ihrem türkischen Ich. Doch das ist in der pulsieren-
den Metropole nicht so einfach zu finden. Als sie dann
noch dem charmanten Angler Cenk begegnet, ist das
Chaos perfekt ...

»Flott und scharfzüngig wird der Leser durchs deutsch-
türkische Kulturgestrüpp geleitet.« *ZDF*

Kiepenheuer
&Witsch

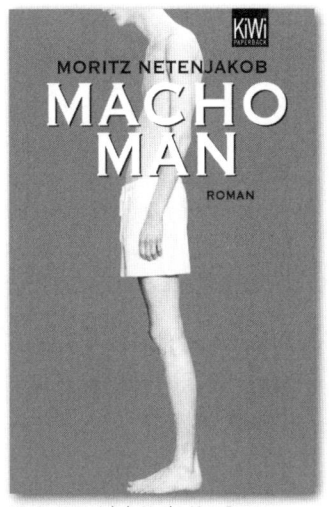

Moritz Netenjakob. Macho Man. Roman.
Taschenbuch. Verfügbar auch als ∂Book

Moritz Netenjakob. Der Boss. Roman.
Taschenbuch. Verfügbar auch als ∂Book

Von den 68ern erzogen, lebte Daniel dreißig Jahre als Weichei. Jetzt verliebt er sich in eine Türkin, die bezaubernde Aylin. Aber wie überlebt ein Frauenversteher in einer Welt voller Machos? Moritz Netenjakob zündet in seinem rasanten Comedyroman ein Gagfeuerwerk ohnegleichen.

Aylin hat endlich Ja gesagt. Daniel ist am Ziel seiner Träume. Aber auf das, was jetzt passiert, hat ihn niemand vorbereitet: Plötzlich hat er 374 türkische Familienmitglieder. Figuren zum Liebhaben und ohne Ende geniale Pointen – Moritz Netenjakob erzählt so witzig und warmherzig vom deutsch-türkischen Kulturclash, dass man am Ende selbst eine türkische Familie haben möchte.

Heute lesen, was morgen erscheint!